| 正在发生 | 最热评论 | 最热转发 |

微博魔鬼销售术

+关注

孙朦 ◎ 编著

微博就是免费午餐　搜索一下

图书在版编目(CIP)数据

微博魔鬼销售术 / 孙朦编著. —北京：中国三峡出版社, 2012.4

ISBN 978-7-80223-807-7

Ⅰ. ①微… Ⅱ. ①孙… Ⅲ. ①销售—方法 Ⅳ. ①F713.3

中国版本图书馆CIP数据核字(2012)第052594号

中国三峡出版社出版发行
(北京市西城区西廊下胡同51号　100034)
电话:(010)66112758　66116828
http://www.zgsxcbs.cn
E-mail:sanxiaz@sina.com

北京毅峰迅捷印刷有限公司印刷　新华书店经销
2012年6月第1版　2012年6月第1次印刷
开本:787×1092毫米　1/16　印张:15.25
字数:180千　印数:1—8000册
ISBN 978-7-80223-807-7　定价:29.80元

前言

　　随着科技文明和现代社会的进步,微博应运而生。眼下,人们对长篇大论的文章已经越来越显得没有耐心。社会是不断向前发展的,人们在追求物质财富的同时,也在努力追求精神财富。都市生活的快节奏,让人们觉得时间是那么的易于流逝,于是人们总在想办法用最短的时间去了解最多的人间万象,而微博的出现正好在某种程度上顺应了这样的要求。

　　每个人都可以使用微博,不需要挖空心思,也不必故作深沉,甚至也不用严格的书面表达。微博语言就像平时说话,用通俗易懂的词语表达出自己的思想。

　　微博作为网络行业的新兴分支媒介,因为它的操作简单、快捷方便、时效性和互动性强等特点,以140个简短的字符就可以迅速传播到整个互联网的这种影响力,使得广大网友纷纷开通并使用微博。

　　作为个人,通过微博可以很好地和朋友或名人近距离进行互动交流。而企业可以通过微博迅速提升自身的品牌价值以及企业形象。据有关研究,中国互联网实际不重复微博独立用户数到2011年、2012年、2013年底预计将分别达到1亿、1.68亿、2.53亿人。而最近的数据显示,新浪微博的注册用户总数已超过1.4亿且继续保持着快速增长,腾讯微博注册用户也已经突破1亿大关,与此同时另外两大门户搜狐和网易都推出了各自的微博平台。

　　微博操作快捷、时效性和互动性很强、传播速度极快,可以在短时间内将140个简短的文字信息迅速地进行传播，不管是在电脑前，还是用手机都可以很快地看到这些信息，网友也可以发表自己的观点进行互动。同时大家也可以随时随地发表心情或分享比较有趣的图片、歌曲、视频等，与朋友进行互动交流，微博因此很贴近人们的生活。

正是由于微博很容易让人与人之间产生互动，从而受到大众所喜爱。这也使得各类人群一起关注微博，从娱乐、体育、财经、传媒热心人到生活、科普、文化爱好者以及政府官员等都纷纷加入微博，近距离和网友进行互动交流，大大提升了微博的影响力和重要性。

企业创建微博，想方设法进行微博营销，通过和用户之间的沟通，更加了解用户的需求，从而增加用户对产品的了解。我们可以从凡客诚品、伊利牛奶、361度点燃梦想等事件中看出，它们借助微博用户群体广、渗透能力强及传播速度快的特点，有效的对自身品牌进行了宣传，加深了在消费者心中的影响力。

微博是对企业进行宣传的一个重要手段，如今企业没有自己的微博可能就会失去一定的核心竞争力，因为微博将是未来宣传自身品牌和产品的一个重要媒介。尤其是对于中小企业，可以利用微博成本低、传播广、渗透能力强等特点来增加自身的品牌价值和影响力。

同时微博也造就了一批新的微博营销公司，它们看准了微博带来的巨大商机，都纷纷加入这个行业，服务于各行各业的企业微博建设和维护工作，并从中获利。

《微博魔鬼销售术》一书旨在对微博营销的作用和功能进行介绍和考察，并且列举一些成功的商业案例，描绘利用微博参与市场营销的现状和前景。同时，对于那些还没有开通微博的个人或企业，特别是还没有关注微博营销的朋友，本书具有相当的入门参考作用。希望所有关心关注微博，特别是从事某种经营活动的人，通过阅读本书，有所获益！

目录

微博时代真的来了

不知从何时起,开始流行一种时尚——发微博。在140字的游戏中,生活变得跟以前不一样了。小到人与人之间的交往方式,大到信息的传播形态、企业营销方式,甚至是政府与民众的沟通方式。切身可感的是,微博正迎来它充满生机的春天。在普通大众之间进行的即时新闻传播,在传统媒体时代是无法完成的,正是借助微博这种当下媒体形态的传播手段,才使草根新闻得以迅速成长,并昭示着一个新的时代。

微博影响我们的生活 / 2
从最早的微博说起 / 4
中文微博的风起云涌 / 6
我们应不断重新审视微博 / 8
了解微博的应用工具 / 10
微博与社会事件 / 13
微博让人一夜成名 / 15
通过微博了解娱乐圈 / 17
名人靠微博赚钱值得思考 / 19
政府重视微博的作用 / 21

第二章

花心思写微博发微博

认为自己不是名人没机会写好微博是错误观念。做任何事情都是从小到大的，所有名人也是从不出名到出名的。其实得到推荐关注的名人很多，可推荐到一定度就会停止。名人也分写好或者写不好的，如何做得更好才是关键。草根微博也有不少做到上万关注。给自己做不好找理由是没办法成功的，成功与否，就看你是否愿意花心思在上面。

机会留给有准备的头脑 / 26
把自己介绍出去 / 28
博文不宜太过随意 / 30
揣摩别人的心理和需求 / 33
强化主题不断积累 / 35
在严格限制中长袖善舞 / 37
图文并茂如穿针引线 / 39
幽默微博才有赚头 / 41
万不可虚情假意 / 44
写微博正在融入我们的生活 / 46

普通人可有万千粉丝

吸引粉丝可是个技术活儿，总的来说，就是要让粉丝觉得这个微博有内容，有看头，是个内涵博。比如要卖玩具，除了发布有关玩具的相关知识,还可以转发一些有关玩具的趣图,一些名人对玩具的爱好,或者是有关玩具历史的小段落,摘取一些以玩具为主题的文字碎片。只要用心经营,粉丝数量就可以稳步提升。

争取粉丝是第一要义 / 50
粉丝数量影响很大 / 52
交换关注是门槛 / 54
让转发和推介踏歌前行 / 56
惹怒粉丝不明智 / 59
把握好发微博的时机 / 61
加粉丝留意新方法 / 63
避免犯一些低级错误 / 65
控制一下发微博的频率 / 67
学生也信赖甚至依赖粉丝 / 69

微博营销正勃勃兴起

随着微博的火热,便催生了有关的营销方式,这就是微博营销。每一个人都可以在新浪、腾讯等网站注册一个微博,然后择机更新自己的微型博客。每天通过更新的内容可以跟粉丝交流,或者引起粉丝所感兴趣的话题,这样就可以达到营销的目的,这样的营销方式就是新兴的微博营销。

微博营销是这样的 / 74
微博营销的本质 / 76
个人终于能与机构博弈了 / 78

商界精英的微博情结 / 80
微博营销可以成为专家 / 82
明星微博的营销模式 / 84
小虾米的苦乐得失 / 87
开发程序把握赚钱机会 / 89
副产品也是不错的商品 / 91

微博营销并不是小儿科

在新技术面前,个人和企业都有使用的平等权利,但企业始终想占有用户的自由空间,这将破坏用户体验。尽管目前微博只是在推广阶段,用户对"空间"的概念并不敏感,但随着认同感的增强,未来个体一定会对抗企业。另外,微博过度商业化,新浪、腾讯等又不予控制,微博品牌和微博本身都会受到影响。

不打无准备的微博营销仗 / 96
微博用户就是消费者 / 98
微博营销必须坚持原则 / 100
微博营销充满挑战 / 102
微博营销当然有禁忌 / 104
微博内容决定营销前景 / 106
微博营销潜能无限 / 108
微博营销投入少产出多 / 110
门户网站开拓出微博战场 / 112
微博带来网络销售新变革 / 115

企业是微博营销的主力军

微博近年异军突起,以其简单易用的特性,从 SNS 网站中赢得大量用户,目前微博的用户数量正呈几何倍数增长。伴随中国微博时代的到来,企业如何利用企业微博展开网络营销和推广?这显然是个问题。而更为重要的是,企业微博营销切不可急功近利,微博传播是一个漫长的过程,需要时间和持之以恒的努力方有成效。

企业微博营销入门 / 118
主动把握微博营销的机会 / 120
企业网络营销新渠道 / 122
企业的担心与害怕 / 124
微博影响企业的形象 / 126
通过微博营销打造品牌 / 128
微博营销的出路 / 130
企业与消费者的新关系 / 132
微博营销也有假冒伪劣 / 134
微博营销不能违法 / 136

微博营销不是一言堂

微博在国内已经形成气候,也正逐渐成为互联网业最热门的应用。微博在网民这一端的发展和应用已经日渐成熟,但是多数企业在应用层面依然处于探索阶段。很多企业都开设了官方微博,并鼓励粉丝参与话题,但总体效果却差强人意,粉丝数量超过一万的企业都寥寥无几,只有不多的企业微博案例堪称经典。

营销不能没有倾听 / 140
在微博上讲故事 / 142
组织话题讨论 / 144
策划各种创意活动 / 146
不要忘记或遗漏小众客户 / 148
微博营销离不开团队 / 150
什么时候都要想着消费者 / 153
微博热销引来搭便车 / 155
千方百计激发粉丝的好奇心 / 157
粉丝质量影响营销水平 / 160

微博使电子商务更上一层楼

互联网的未来10年中,电子商务将会实现爆发式增长。一些门户网站正尝试搭建微博电子商务平台,这是微博现有平台的自然扩张。未来,微博将在电子商务方面进行更多的尝试,这将是微博商业化的重中之重。总之,微博将为电子商务提供更广阔的平台。因为参与搭建电子商务平台,为微博提供了更大的想象力。

各大门户网站争先恐后 / 164
微博让电子商务更社会化 / 166
网店可以靠微博做生意 / 168
微博电子商务有花样 / 171

利用微博推广自己 / 173
用微博营销进行网站优化 / 175
微博和博客营销的差别 / 177
微博与传统媒体的互动 / 179
微博考验着传统媒介营销 / 181
对微博营销进行评估 / 183

微博营销贵在细致入微

  在微博上，魅力显然就来自于微博发得如何。想在微博上赢得更多关注和喜爱，别无他法，只能一条条认真发布和回应。微博发布内容，首先要考虑的就是与自己品牌、产品、公司、行业领域等方面的相关性。如果不具备相关性，再幽默好玩再多人转的内容实际效果也不会比零好到哪里去。

大企业营销的前车之鉴 / 188
企业领导带头写微博 / 190
提升解决负面评论的能力 / 193
认真寻找目标客户 / 195
用心将客户组织起来 / 197
学会在微博中植入广告 / 199
彰显微博营销个性 / 201
企业微博建设需要策略 / 204
微博营销的反面教材 / 206

小微博造就无数成功案例

未来,微博必将成为兵家必争之地,可以预见的是:基于微博的微营销也将成为不少企业下一步的营销重点。微博营销是一种全新的营销形式,这种圈层营销彻底打破了以往金字塔式的营销。但从整体上看,目前国内企业借助微博营销的步伐才刚刚启动,仍处于试水阶段。

凯迪拉克的大气微博 / 210

人保电话车险趣味营销 / 212

伊利舒化"活力宝贝"促销 / 215

东航微博彰显无限的力量 / 217

华硕独树一帜个性十足 / 220

快书包赶上微博速度 / 222

金宝贝开启了"微课堂" / 224

杜蕾斯鞋套走雨路不湿鞋 / 226

麦当劳通过微博送"快乐" / 228

百合网用心聚齐"有缘人" / 230

第一章

微博时代真的来了

不知从何时起,开始流行一种时尚——发微博。在140字的游戏中,生活变得跟以前不一样了。小到人与人之间的交往方式,大到信息的传播形态、企业营销方式,甚至是政府与民众的沟通方式。切身可感的是,微博正迎来它充满生机的春天。在普通大众之间进行的即时新闻传播,在传统媒体时代是无法完成的,正是借助微博这种当下媒体形态的传播手段,才使草根新闻得以迅速成长,并昭示着一个新的时代。

微博影响我们的生活

微博,即微博客(Micro Blog)的简称,是一个基于用户关系的信息分享、传播以及获取平台,用户可以通过WEB、WAP以及各种客户端组件个人社区,以140字左右的文字更新信息,并实现即时分享。

"今天你微博了吗?"这句话成为了这两年大家见面的问候语之一。从2009年9月微博诞生后,已有数以千万计的网友,在这个虚拟的平台上,以140字的篇幅,书写着经天纬地的言语。而"微博改变生活"的口号,也越来越响亮。

"世界上最远的距离是我们面对面坐着没有话说却都在拿着手机发微博",这是一句来自网络的语言,稍显夸张却十分写实,有人评价说,在微博上140字的限制将平民与莎士比亚拉到了同一水平线,是不是达到了莎士比亚的水平暂且不表,至少,微博改变了现代人的生活方式。

短短两年时间,微博已经完全取代了博客,成为年轻人最重要的展示平台。微博甚至让QQ和MSN汗颜,成为了最牛的即时沟通工具。

诚然,微博的海洋里有很多琐碎的信息,不少仅仅只是个人情感的宣泄。但微博正以其势不可挡的威力影响着上市公司的股价、名人的形象,为失踪儿童找到了家人。

有人说,在微博上,人人都是记者。也有人说,随着微博的兴起,记者这个行业已经消失了。但是,有关调查显示,约57%的人觉得微博上的信息"基本可信",23%的人"不确定",20%的人觉得"不太可信"。另外,大多数人表示对于微博传播的信息,一定要加以甄别。

15年前,痴迷童话的湘潭小读者章懿哲给自己的偶像童话大王郑渊洁写了一封信。今年,郑渊洁在微博上将这封信贴了出来,希望能找到当年的小读者。这看似"大海捞针"的任务,半小时就完成了。

第一章 微博时代真的来了

时下,微博控遍地都是。你没听说过微博控?那么,你已经 OUT 了。无论你是否在用微博,无论你是否在围观别人,还是被别人围观,最 IN、最潮的产品,最优惠、最受粉丝欢迎的促销,在这里你总能找到你想要的。

微博控是指对微博极度喜爱的人,他们在微博上娱乐他人自娱自乐。专业说法是,每天发微博十条以上,经常毫无原因的反复打开微博,反复刷新微博页面,就已经患上了微博强迫症。

微博的海洋里有很多琐碎的信息,不少仅仅只是个人情感的宣泄。但微博正以其势不可挡的威力影响着企业的盈亏、名人的形象……

2011年初,微博上上演的当当网总裁和"大摩女"的激烈"对骂"引起传统媒体的关注。双方在微博上的唇枪舌剑中不乏粗俗语言。三天后,《华尔街日报》发表了题为《当当网 CEO 发飙了》的评论披露整个事件。刚刚上市不久的当当网在事件发生后的首个交易日股价暴跌 8.3%,两天内市值蒸发了约合 25.8 亿元人民币。

2011年2月8日下午,中国第一家"寻子店"店主彭高峰,通过网友在微博上转发了孩子图片,辗转找到了被拐卖3年之久的儿子彭文乐。香港《凤凰周刊》记者部主任邓飞与深圳警方陪同彭高峰,一同赶赴彭文乐的养父母家里认亲,并在微博上直播了解救过程。

2011年6月21日,新浪微博上一个名叫"郭美美 Baby"的网友颇受关注,这个自称"住大别墅,开玛莎拉蒂"的20岁女孩,其认证身份居然是"中国红十字会商业总经理"……随后,有记者从民政部的统计数据中发现,2011年6月全国社会捐款为10.2亿元,而7月为5亿元,减少了5.2亿元,降幅接近51%。而这一变化,正是发生在6月下旬"郭美美"事件引发慈善信任风暴的背景之下。

编辑我要说

由于传播者广泛和海量信息,微博具有很大的不确定性。当人人都是信息发布者的时候,微博双刃剑的威力便逐渐显现出来。

从最早的微博说起

10年前,你随便问一个互联网技术人员:"我怎样才能在网上表达自己的想法?"他一定会回答说:"建自己的个人网站,但需要花钱和花时间,而且还需要懂技术。"

是的,仅仅是在10年前,即便是技术人员想在网上发出自己的声音,也得要迈过技术和经济的门槛,一般的普通老百姓根本是云里雾里,甚至压根没想过这样的事。

事实上是,今天的互联网,已经和10年前那个近乎静态的互联网有了天壤之别。最重要的是,10年前,互联网上的主角是网页和信息;今天,互联网上的主角是一个又一个活生生的人在网络中生活,在网络上社交,在网络上展示自己。这已经成了新一代网民对网络生存方式的共识。

看一看新浪微博、腾讯微博的名人榜上,动辄以数百万计的粉丝数量,看一看以微博为媒介的各种热点事件,无论怎样夸张去形容都不过分,微博已经成为了全球最具活力的社会化新媒体。

在感受微博现象的火热之前,我们还是先来简单回顾一下微博的历史,了解一下微博这一事物,是怎样从无到有,不知不觉地来到我们身边的。

说起微博的历史,就不能不说 Twitter。是 Twitter 最早发明了微博的核心概念,最早制定了140个字的通信规则。无论后续的微博服务如何创新,提供何种丰富的功能,微博作为社会化传播和社交通信工具的地位都是由 Twitter 建立的。

第一章
微博时代真的来了

Twitter 的神奇离不开几个传奇人物。他们都是 Twltter 公司的联合创始人。其中，一个叫伊万·威廉姆斯(Evan Williams,Twltter 账号 @eV)，另一个叫杰克·多尔西(Jack Dorsey,Twitter 账号 @jack)。简单地说，伊万和另一位联合创始人比孜·斯通(Biz Stone)一起创建了 Twitter 的研发和运营团队，而被网友们尊称为"推神"的杰克，则是微博概念的直接缔造者。

在互联网的发展史上，有很多创业英雄都有过先被大公司收购，然后再从大公司离职进行二次创业并获得成功的经历。伊万就是其中最著名的一位。2003 年，中国国内的博客服务进行不久。当时也许很少有人知道，"博客"这个概念其实正是伊万发明的。2003 年 2 月，伊万把他一手创建的"博客网(blogger.com)"卖给了谷歌。这一交易成为了当年颇具轰动效应的互联网收购。

2004 年，伊万离开了谷歌，并与比孜·斯通一起创办了名为 Odeo 的新公司。当然，Odeo 最初想做的事情跟博客或微博相去甚远。一切改变都源于"推神"杰克的以前的好点子。

事实上，杰克早在 2000 年就已经有了一个关于实时发布信息、快速写作并与朋友互动的新想法。当时，手机上的短信是人们的主要沟通工具之一。杰克认为，互联网上也应该有一个类似的工具，而且还应该更强大。短信的快速便捷是一个可以借鉴的地方，但短信局限于少数人之间的私密通信，还不具备社会化的特征，也不是一个信息发布平台。如果短信和博客结合起来，当然就更值得期待了。

杰克把自己的想法画在了一张再普通不过的速记纸上。也许连他自己都无法估量，这个想法蕴藏着多么伟大和具有革命性的构思。直到 6 年以后，当伊万以及 Odeo 公司的员工们发现公司运营进入困境且需要新的创意和点子才能打开局面时，杰克满怀激情地为大家介绍了自己当时的创意。经过讨论，大家意识到，这是一个听起来很不错并可能改变未来的好主意。

2006 年夏天，在杰克的简单而又神奇的构思启发下，Odeo 的员工们成功创建了 Twitter 的原型——TWTTR，并通过实验运营证明这个创意对几乎每一个人都有吸引力。伊万和他的合作者们意识到，Odeo 原来的发展方向已经失去了潜力，他们的思绪正朝着杰克指明的方向走去。

再后来，微博便诞生了。Twitter成为了美国最早的一家微型博客网站，用户可以在该网站上发布文本信息，每次不得超过140个字符，用户的页面像是简单的文本博客，你可以跟别人的帖，别人也可以跟你的帖，对所有人开放。

> **编辑我要说**
>
> 以前，很多人上网的第一件事就是打开门户网站。今天，不少人上网的第一件事，就是打开自己的微博和相关留言。什么是变化？这就是变化。

中文微博的风起云涌

Twitter的巨大成功在第一时间吸引了中国投资人和创业者的目光。然而，Twitter这种全新的微博服务，能引起中国网民的兴趣吗？2007年，Twitter还在不断地网罗用户，并改善用户体验，一批中国创业团队已经着手打造中国人自己的微博网站了。

第一个先行者是王兴创建的"饭否"。作为校内网等国内多家社交网站的创始人，王兴对Twitter所代表的通信和社交网络的未来有着敏锐而特别的认识。他曾说过："从校内、海内、饭否到美团网，我一直在利用人际关系传播信息。"而利用人际关系传播信息，最好的平台应该是微博。

"饭否"这个名字来源于辛弃疾的著名词章:"廉颇老矣,尚能饭否？"这两个字在国人看来,就像北京人碰面时常说的"吃了吗"一样简单、亲切。饭否团队选择这两个字作为微博服务的名字,是为了体现微博的"唠嗑"或者"唠叨"的精神,让大家在微博上像唠嗑一样亲切、自然地互通信息。

饭否成立于2007年5月,到2009年上半年,饭否的用户数量就增长到了百万之多。与此同时,叽歪、嘀咕、做哈等一批效仿Twitter的微博服务在国内上线。此时,中文用户已算是有了自己的微博服务。

不过,2009年年中,饭否、叽歪等第一批中文微博服务网站停止服务,宣告了第一批探路者失败了。和后来兴起的新浪微博、腾讯微博等门户微博网站相比,人们通常把这第一批的探路者称为独立微博网站。独立微博网站的兴起和陨落成为了中文微博发展史上的一个重要事件。

新浪网作为国内最重要的门户网站之一,曾经在门户网站开办博客服务的大潮中赢得过许多网民的信任和青睐。有了新闻门户运营和博客服务等成功经验,像新浪这样的门户网站跻身微博领域,并凭借自身的技术、运营和用户优势走在微博服务提供商的最前列,是一件水到渠成的事情。难能可贵的是,新浪在现有博客服务非常受欢迎的情况下,能够敏锐地看到微博所代表的未来趋势,能够清晰地判断出微博必将成为社会化媒体平台的发展方向,并敢于投入力量打造最符合中文网民需要的微博服务,这的确走在了所有门户网站的最前面。

2009年8月,新浪微博开始内测。可以说,短短一年半时间,微博的风头已经远远盖过了传统的博客服务,成为了网民们街谈巷议的最热门话题。

从功能特性方面说,新浪微博与Twitter乃至国内的饭否相比,有了不少创新的地方。

最重要的一点,Twitter以及国内的第一批效仿者如饭否,在功能上更加注重微博的通信和社交功能,而新浪微博等后起的门户微博网站,则在保留通信、社交功能的基础上,极大地强化了微博的媒体和传播功能。从Twitter和新浪微博的用户界面比较上,就不难看出这一点。

新浪微博的界面中,每条微博都既显示文字信息,也显示图片信息,还同时显示了转发和评论的数量。新浪微博的这种用户界面设计,综合了传统的博客服务与 Facebook 等社交网站服务集成度强的特点,使微博更近似于一份可以天天阅读的网络媒体,所有相关信息都在页面上展示无遗。

　　随着新浪微博的蓬勃兴起,其他几家门户网站也纷纷加入了提供微博服务平台的行列。2010年4月,腾讯微博正式开始内测。2010年年底,腾讯微博的用户数量飞速增长,增速之快,大有在短时间内和新浪微博正面竞争的势头。几乎在同一时间,网易微博、搜狐微博等各大门户网站的微博服务纷纷上线,搜索引擎百度,社交网站人人网、开心网等也提供了微博类的服务。一时间,微博平台与微博营销成为国内互联网巨头们奋力竞逐的最新阵地。激烈的竞争也在客观上为网民提供了多样化的选择,并促使微博运营商们加强创新力和加快开发。

　　原地踏步的人,会认为微博上传达的尽是一些闲言碎语。能与时俱进的人,大多认为微博是具有进步意义的能抢在主流媒体前对突发事件进行报道的明亮的生活窗口。

我们应不断重新审视微博

　　如今,我们在各个微博网站上看到的是一个更加壮观的场面。140个字符、关注、手机发送、碎片化、公民记者等,这些看似简单的关键词正在推动着一场前所未有的互联网信息传播革命。人们进入了微博时代以后,如同阿拉丁神灯出现的变化，微博的基本特点和基本功能一个接一个被挖掘出来，伴随微博上如此多的基本特点和基本功能的发现，深度的理论研究已经开始，各种推论正在形成中，并且一次又一次被最后证实；接着，新的期待又在被人酝酿、被人认证。

微博让人与人之间沟通的半径在扩大，并且让人们在更自由的状态下有选择地沟通。从表面上看，这种选择性的沟通是随意的甚至是无意识的，但是更深入一步观察，这样的选择其实是跟随着话题走的。而话题的选择又是由我们的文化、我们的情趣、我们的工作内容、我们对商品的审美、我们的生活需要等决定的。我们以不同的话题为圆心，组建起一个又一个认知的网，又因为我们自己的参与而改变这些认知的网的质量和数量。我们更多地依赖这些网去互动、去沟通，并通过这样的形式感知社会、认识社会。

如今，微博越来越风靡。但人们没有想到的是，获得成功的原因是来自一个简单真理。Twitter的发明人在《Twitter的成功是人性的胜利》这篇文章中解释了它成功的简单道理，这就是"准许用户表达自我，并与他人交流"。正是这种人和人之间的表达与交流的开放性和简单性，让一个看似简单的服务展现了广阔的、迷人的、可能因此改变世界的前景。

在微博上，对话正在成为一种人文运动，掌握对话理念和技巧的人也在成为具有新能力的人。大公司和小企业之间、世界品牌和它的受众之间、明星和粉丝之间、理论家和实践者之间，都会在对话中悄悄改变自己的角色和位置。

在微博上，我们经常可以观察到这样的场面：一场声势浩大的对话，被人称呼为碎碎语也罢、话痨也罢、街谈巷议也罢，各有各的观点和评论，但是一个不争的事实是，参与对话的人的身份虽有如此大的差异，但他们会不顾这种差异而加入讨论，因为他们不愿意落伍。

看微博，就相当于订了几份报纸。有些微博是好玩的，还有些段子可以在别人的微博那看到。在排队、坐车、等待、无聊的时候，微博是极好的消磨时间的办法。睡前看30分钟微博，看着看着就困了，睡得更香。每个人都可以把一些读书的心得，简短地记一条微博。写一下的好处是，梳理思绪,理解得更清楚,有时可当复习再看,温故而知新。当然只是非常简短地记。用笔记下来的东西,在记忆里才长久。

当然,而微博的坏处也有不少。有时看得过瘾了,忘乎所以,一看就看很久,有点浪费时间。有了微博之后,就不想写长点的东西了,甚至说话也变简单了,懒得啰啰嗦嗦说很多。五花八门的信息和观点太多太多,像潮水一样涌来,很容易把自己淹没,使自己丧失独立思考能力。

和用同样多的时间读书相比,看微博得到的知识要少得多。因此,从汲取知识这个角度来看,读书的时间价值比微博大得多。时间是有限的,如果在微博上花的时间多了,看书的时间就少了,所以微博只能当作一种调剂。当然,读书和微博的功能本就不一样,不能对微博也有对读书这么高的期望。毕竟它还有那么多的好处,只要自己好好利用,自制能力强点,别沉迷就好。

> **编辑我要说**
> 140个字打进去按一个钮就发了,这跟写一篇博客的难度是不可相提并论的。写一篇博客,可能还会觉得这是一篇正式的文章,还在乎文字是否优美。

了解微博的应用工具

互联网让草根拥有话语权,拥有话语权的草根不再是草根。互联网历史上每一次对话工具的新发明,都推动其跃上一个新的台阶。对微博上出现的由系列对话工具构建的对话平台,它的意义可能是我们怎么估计也不为过的。

　　互联网上有"必须学会做一个带工具的人"这样一句话,这句话同样适合微博。微博上的工具,绝大多数是用来简化和方便微博的使用、优化其固有特点的。

　　在美国,一个由大学生创建的社交网站 Facebook 大概有 20 万种工具被应用,Twitter 也有 10 多万种工具被应用。Twitter 上的应用工具,其中有些特别受欢迎,主要涉及数据分析、信息同步、搜索、地图定位、第三方客户端、浏览器辅助帮助、娱乐应用等类型。

　　在 2010 年 11 月份的微博开发者大会上,新浪携手红杉资本、IDG 资本、创新工场、云锋基金、德丰杰五大顶级投资机构,正式启动中国微博开发者创新基金,一期规模为 2 亿元人民币,将为围绕微博开发第三方应用的个人、团体或公司提供全方位的融资服务,培养和支持新浪微博开放平台上的优秀应用产品,投资方向涵盖了手机应用、工具、内容和游戏等方面。

　　来自新浪微博平台官方的数字,新浪微博上截至 2011 年 1 月已经开发出来的应用工具有 3500 多种,主要有手机、客户端、聊天机器人、浏览器工具、博客插件、站长工具、微博小工具、游戏等。

　　新浪针对手机的应用目前有 91 种工具,包括新发布的 iPhone、Symbian 和 iPad 在内的 9 款手机客户端。其中,基于谷歌 Android 系统的新版手机客户端有阅读、发布、评论、转发、私信关注等主要功能,本地相机即拍即传,能随时随地同朋友分享身边的新鲜事。

　　新浪针对 Windows、Linux、Adobe Air 客户端的应用工具目前有 40 多种,如 Wing 微博 2010 这种电脑客户端工具,是目前新浪微博上比较受欢迎的应用工具。安装了 Wing 微博 2010 后,你能像 QQ 一样查看好友在线状态,进行实时聊天、看视频、听音乐、换主题、传文件;在线的好友可以通过颜色显示,并在桌面右下角弹出提示"你的好友×××上线啦";好友最新发布的信息,也会弹出提示,就像 QQ 的即时新闻一样,可以实现微博平台的许多功能,如发布或上传信息、插图、视频、音乐、表情、私信、@、粉丝、关注、转发、首页、最新信息显示等,同时也具备 QQ 的一些功能;另外还有微博备份功能,可以备份最近三个月的微博信息。

新浪针对博客插件类工具的应用目前有 7 种。新浪微博秀可以放置在你的博客、网站或是其他支持 html 代码的位置,展示你的微博和粉丝,让更多人关注你。新浪微博签名档可以放置在你的博客、论坛或其他可以引用网上图片的位置,签名档会随你的微博同步更新。填上你的博客地址,之后你发布的每篇博客都会在新浪微博自动生成一条微博;可以将新浪微博博客挂件放在你的网页里(如你的博客主页),展示你的最新微博,让更多朋友看到你的更新,分享你的新鲜事等。

新浪微博小工具类的应用目前有 210 多种,主要涉及资讯、分析、关注管理、发布帮助、生活、娱乐、日程等方面的应用等。

通过应用微博粉丝分析工具,可以了解你的粉丝的男女比例、V 认证比例、你的粉丝在全国各地的分布情况、你的粉丝中的明星及粉丝中谁在微博中的资格比较老等。

通过应用微博分析家工具,能够了解自己什么时候最喜欢发微博、什么时候的微博反响最热烈,微博分析家可以帮您分析每个小时、每天、每周的使用频率、被提到和被评论的次数等,并有互动的人脉图关系展示,还让你把分析图片直接转发到微博中和好友分享。

微博的分析工具非常多,可以根据自己的需要去尝试体验,借助数据分析更好地帮助我们使用微博、玩转微博。

微博与社会事件

上海交通大学舆情研究实验室和舆情网于2011年11月8日联合发布了《2011年第三季度社会舆情研究报告》。该报告指出,第三季度近半数社会热点事件在事发数小时内即被曝光。曝光媒介仍然以新媒体为主,其中,网络新闻稳居第一,微博赶超报纸位列第二。报告还指出,该季度影响较大的舆论热点事件,持续时间明显缩短,近六成事件两周内消退。

该报告重点对2011年第三季度中国影响较大的60起舆情热点事件进行了分析。研究发现,第三季度影响较大的热点事件数量总体呈上升之势。9月份影响较大的舆情事件数量创前三季度最高,共计23起。从事件类型来看,灾害事故类舆情持续升温。2011年第三季度60起影响较大的社会舆情事件中,11起为灾害事故类舆情事件,其中交通事故最为高发,"7·23"甬温线特别重大铁路交通事故、"9·27"上海地铁10号线追尾事故、京珠高速客车起火、湖南邵阳沉船等事故,引发公众对交通管理与安全问题的关注。从事件发生的地域看,河南和浙江两省为社会热点舆情事件的高发地区。

报告指出,继去年河北发生的"我爸是李刚"事件后,"郭美美"、"卢美美"、著名男高音歌唱家李双江儿子打人事件、温州奔驰男碾压路人称我爸是市长等舆情事件不断出现,牵动着社会神经。

早些时候,最著名的例子,莫过于方舟子利用微博打假事件。2010年7月,学术"打假斗士"方舟子揭发"打工皇帝"唐骏学历造假一事,迅速在网上被炒作升温,成为舆论关注的焦点。而整个事件的起因,恰恰是源于方舟子在微博上与网友的互动。

7月1日,有网友在微博上问方舟子怎么看待成功学,怎么看待唐骏。方舟子用微博回答说,唐骏的"加州理工学院博士学位"是假的,并不断在微博上与网友进行对话。方舟子接着指出,唐骏自称的"在美国有几项发明、靠卖专利赚了钱"、在美国"开办律师事务所"、在美国开办公司、某年获得美国绿卡等不是可疑、可笑,就是不可能、造假。

唐骏学历门几乎立刻被包括微博在内的各类网络和平面媒体关注,雪球越滚越大。唐骏通过媒体采访以及自己的微博澄清和辩解,方舟子也通过微博加以批驳。微博平台上,甚至很快形成了"挺唐派"与"挺方派"两个大的派系,两派网友在微博上针锋相对,各不相让。

经过一番你来我往,唐骏终于不再更新微博,不再回应微博上各种质疑的声音。方舟子则当仁不让地在微博中大量曝光调查得到的各种线索和证据,并进一步质疑唐骏的诚信。

通过微博这个传播平台,唐骏学历门一下子成为了2010年的新闻热点事件。事件本身在中国普通网民中的影响更不容忽视。例如,原本默默无名的"美国西太平洋大学"一下子变得家喻户晓,像钱钟书《围城》中的"克莱登大学"那样成为假文凭的代名词。不能不说,微博在这种影响广泛的传播效应中起到了至关重要的作用。

在事件过程中,微博从始至终扮演了一个重要的传播者的角色。从某种意义上说,正是因为有了唐骏学历事件这样一个典型的传播案例,微博在国内才真正拥有了和其他网络媒体乃至传统媒体分庭抗礼的地位。

更重要的是,微博上发生的一次次焦点事件唤醒了民众的关注意识,无论是山西疫苗事件、记者仇子明被打事件,还是前村主任钱云会被碾死事件,都通过微博引起了大众的广泛关注,也让千百万普通公民面对身边的社会现实,有能力发出自己的声音,有条件将公民和媒体应当起到的舆论监督作用付诸实践。

编辑我要说

关注就是力量。微博为普通网民关注身边的焦点事件,参与新闻热点的传播,乃至直接向事件中的受害者伸出援手,提供了媒体平台。

微博让人一夜成名

关注热点人物,发现网络、微博的传媒时代,已经诞生了一大批"人气资本家"。当然,人气有好的,也有坏的。成名也是一样,人气到了一定程度,就众所周知了,一个人众所周知了,也就成了名人。微博可以提升一个人的人气,也能造就名人。

当在微博上因"公开"约某个已婚女子开房,并在不经意间把情话公之于世,因而"一夜成名"的江苏溧阳卫生局局长谢志强终于被停职的刹那,这位刚刚还在更新"粉刷"微博的局长兼越轨已婚男人嘴里虽然说"再难也要坚持"、"会使用QQ的留下",心里八成在暗暗咬牙:都是微博惹得祸。

很显然,谢局长和他的情人已用了一段时间微博,却弄不清微博和QQ的区别,更不知道两人间的私密对话,在微博上如何做才可以不被围观。从这点上讲,微博的确有些"责任"。如果这次这二位算是活该,下次换个有正当隐私的普通人"菜鸟"呢?至于其他的,错可就不在微博了。

谢局长,以及那位已婚有子的情人,至今仍在微博上喊冤,觉得自己出丑,是微博以及"无聊的人"搞的鬼,殊不知有"丑"才能出,倘不是自己立身不正,曝光又何至于出丑?

更让人哭笑不得的是,事发之后,两位当事人仍在微博上絮叨,做悲愤莫名兼理直气壮状,为自己的"爱情"声辩,仿佛只要不出"微博事件",这件事便不是丑事,对彼此和自己的合法配偶、婚生子女,也毫无愧疚感。若说这二位没羞耻感,何以在微博上如此激动;若说有羞耻感,何以对"出丑"耿耿于怀,却对自己所做的这些破坏两个家庭、违反道德甚至法律的事,竟可如此不以为羞。

曾极度神秘、众人不停猜测他是谁的作业本,6月18日突然出现在《快乐女声》的现场,尽管眼见为实,但仍有人怀疑这只是一个替身。担任快女微博评审的他,显得却十分拘谨,当听到记者要采访他时,还说:我又不是明星,采访我干什么?但一旦聊起来,他又常常语出惊人,句句都是话题所在,看来还是很有走红的潜质。

微博红人作业本担任2011年《快乐女声》微博评审,坚称没有从任何一方拿到一分钱。他本不愿意来,但"新浪、湖南卫视的人老催",又刚好可以来长沙看望老朋友,半推半就之中就上了电视。与电视上拘谨的作业本相比,私底下的作业本亲和,幽默。他受网友追捧,微博转发量居高不下;他遭网友恶搞,类似于"作业本他爹"这样的微博账号有数十个,他自嘲"祖宗十八代"都在微博上。有关作业本是一个团队炒作的说法,他懒得与人理论,"外面傻逼多了去了,你能一个个拆散了把他拗过来吗?一些人就愿意诋毁你。我要是按照这种炒作法,湖南卫视肯定给我十万、五十万。我为什么一分钱都没要呢?"

担任了两场比赛评审的作业本显然越来越适应电视游戏的规则。与31进20时相比,20进13时的作业本不再追求语言的华丽与犀利,而是认认真真地发表个人观点,支持自己喜欢的选手。评价喻佳丽时,多次表示"你何止是碧昂斯,你简直就是碧昂斯她妈"。但第一场评价DL的反串时,就啰嗦得多:"DL组合有一种变态的美,但变态到极致就让人心碎,还有一种狼心狗肺的痛快,痛快到极致就是让人陶醉,更有一种歇斯底里的庸俗,到极致就是惊艳。"典型的微博语录体。

作业本不认为《快乐女声》是在借他的名气炒作。"快女办了这么多年,借我一人的名气干吗呀?"他甚至鼓励年轻选手参赛,想要出名得趁早,得多提倡。他说现在的人变得越来越急躁,没有耐心去了解一个人,所以才会有"炒作妄想症",看到什么都像是炒作。"大家被恶意炒作伤害了。我或许能安抚大家的心灵。"

编辑我要说

微博现阶段就像是一个名利场,大家费尽心思以粉丝数量、转发数量、话题参与度等等各显神通,以提高自己的影响力。

通过微博了解娱乐圈

2010年10月9日,微博上传出中国台湾女星大S与京城富二代汪小菲"闪恋"的消息,网友称大S与汪小菲是在安以轩9月末的生日宴上相识的,还以两人在微博上的互动为证据,称他们已经情根深种。

事件发生之初,大S和汪小菲在微博上显得非常大方,频频通过自己的微博大秀恩爱。汪小菲先发微博表示,自己已经和前女友张雨绮因性格问题分开了一段时间。随后,大S也在微博上承认了自己与汪小菲之间的恋情。

大S和汪小菲之间的"大小恋"引起了无数粉丝的关注,两个人通过微博的"恩爱秀"则进一步点燃了粉丝的激情。大量粉丝守候在微博前,等待他们的最新动态;无数网友通过微博发表自己对"大小恋"的感想和评价。两个人的恋情好像曝光在公众的面前,经受所有人的评判一样。

早些时候,势头最猛的明星微博非王菲莫属。比姚晨更草根的是,王菲的微博连实名认证都没有,很不起眼地隐藏在数万微博大军中。王菲的微博,看似没有章法,实际上却是一个很高的境界。满屏的调侃和火星语中经常有令人拍案叫绝的句子,让人不得不佩服天后对语言和文字的敏感。而且,微博中的王菲和舞台上的王菲完全像是两个人,这种巨大的反差让两个王菲都更加受追捧。可以说,聪明的王菲是微博中以柔克刚的典范。

当然,有人受追捧自然就有人被群殴。明星微博的关键不在于说的话多有意思,而是要谨记不能犯错。毕竟几十万、几百万的人看着,说不定哪句话就会引起轩然大波。郝蕾并不算特别有人气的明星,但因为在微博上大骂河南人,最后只能以关闭微博收场。周立波后来开始在微博上骂街。和郝蕾不同的是,周立波的攻击范围更大,几乎是想骂谁就骂谁。按理说,周立波也算是当红明星了,如此骂街实在是让人难以理解。此外,那些每天发自己照片,或者不停地转发并不是很多人感兴趣的话题的人,也很容易在微博上被人反感。

除了特别受瞩目的明星外,更多明星在微博上几乎都从事着千篇一律的机械运动。有人就总结了明星微博的几大写作特点:每天必发一条道早安和一条说晚安的博,发一条附带自拍照的努力工作博,发一条感悟人生的博,再转几条或深沉或文艺的博,把其他名人的留言回复到页面……看似调侃,其实仔细对照一下,还真有大批明星符合这个"微博模式"。

不过,这其中也有例外。刚开微博不久的黄磊也基本是每天早晚各发一条微博,但却极其认真,每条微博都涵盖了丰富的内容,从拍戏到会友再到和女儿玩,字里行间流露出的对生活的热爱让很多人叫好。有网友就十分羡慕地留言,认为"有事业、爱家庭、会做饭"的黄磊是最有魅力的男人。

对于围观群众来说,微博提供了一个大大方方窥探明星行踪的窗口。如果是敬业的狗仔队,只要翻翻明星微博,大腕们的行踪就基本一网打尽了。此外,随着越来越多的明星们加入微博大军,明星在微博上也开始形成小团体。谁跟谁关系好,谁和谁玩得多,只要是稍微敏感点的粉丝都能猜个八九不离十。当然,这也让微博具有了另一个功能:制造新闻。因为陈坤一直没有关注黄晓明,这对北电同窗最近就传出了不合的消息。

微博改变了娱乐圈,而娱乐圈也在改变着微博。从最初的草根互动,到现在的明星主导,微博逐渐变成了一个明星们自娱自乐的舞台。这里没有聚光灯,却可能吸引更多关注的目光。所以,越来越多的明星开始注意自己在微博上的形象,那些看似随意的文字和照片,很可能是经过深思熟虑才发布的。不过,也的确有越来越多的明星开始转发那些公益话题和热点社会新闻。

编辑我要说

对于以往看似不食人间烟火的明星们来说,以自己的影响力让更多有需要的人得到关注,也的确是一个不小的进步。

名人靠微博赚钱值得思考

前些时候,编剧石康在微博上爆料,自己的微博是付费微博,2元/字,且称大部分名人微博也都如此,某女明星能日进万金。此消息一出,名博这块利益的大蛋糕再次引起各方注意。名博背后的利益链条如何?网友如何看待日渐激烈的名博利益之争?

"这年月,专属于男人的事已经不多了,剃须算一个。(某某刮胡刀)锋隐,5层刀片,号称史上最牛的手动剃须刀,刮起来非常顺滑、干净、舒服。本条后留言的前十名每人可获得一套剃须产品礼包,男士优先。"这条广告既有产品介绍又有促销活动,是一条典型的植入微博的广告语,出现在2010年底黄健翔的微博中。

而此前,"西单女孩"任月丽的微博中就多次出现某知名网络游戏的广告推介,从而引起不少网友的反感。在不少名人微博中,网友也能看到有些名人多次提到某个品牌的商品,并告知商品上市推介日等信息。

记者了解到,像新浪、腾讯和搜狐等网站的名人微博,凭借稀缺的名人资源,积累了庞大的粉丝数量,姚晨和赵薇的粉丝数量多达六七百万人。借助强大的web3.0技术,名人可将个人所发信息直投到几百万粉丝的页面上。就是这种强大的直投广告能力,让名博植入广告成为企业品牌推广的新阵地。

记者联系到北京一家专业博客营销服务商了解到,现在微博广告营销超过博客已经成为他们的主要业务,微博营销服务主要给企业做品牌推广,帮助建立企业官方微博,并做一些有奖活动。在企业有需要的时候,会请一些知名的博主做转发、推广。

"如果产品广告投放追求名人效应,则会由博客营销服务商替代企业私下找明星的经纪人洽谈,让明星在微博中转发和植入隐性广告。现在已经成功的案例,一条微博的支付费用在五千元至五万元不等,但只是一种尝试。"一位业内人士告诉记者。

微博广告投放已经有成功的案例,网站持什么态度?记者采访多家门户网站了解到,对于名博通过广告来挣钱他们既不反对也不提倡,采取"睁一只眼闭一只眼的态度",谈的更多的是要保护微博这个新生事物健康成长。也有网站坦言,现在保护微博,就是要积累资源,并摸索一个成功的盈利模式。

腾讯微博方面回应称,不管是否加微博,腾讯从未付费给任何明星,的确有明星靠微博收费的情况,但是大多数明星都是把微博当做与粉丝直接沟通的平台,而不是挣钱的渠道。

新浪则称,微博上的一些说法真是匪夷所思。谁收谁的钱?社区类产品(即博客、SNS、微博、论坛等新媒体)是完全两厢情愿的。例如,新浪和姚晨的合作不包含一分钱。

而对于明星通过微博盈利一事,新浪给出的解释是,他们只负责将网友举报的不真实的或垃圾信息删除、封掉,而对于明星微博植入广告并没有明确的限制。只要广告内容不违法,新浪就不会进行干涉,暂时也没有考虑与博主分成的问题。

对于微博这个新媒体,新浪直言,虽然现在的用户达到1亿多,但是这个新事物还非常脆弱,现在要做的就是保护它健康成长。等到微博用户发展到规模较大的时候,再寻求合理的商业盈利模式。有关负责人表示,"现在谈网站盈利还太早,微博与博客是两种截然不同的发展模式,学习博客广告分成的可能性不大。"

记者发现,当得知明星通过微博盈利之后,不少网友都纷纷直呼"伤不起"。有网友称,原本以为愿意开微博的明星都很"亲民",没想到却是因为收了钱。"伤不起啊,伤不起!每天起早摸黑地刷屏,每条都跟踪回复,原来成了人家明星挣钱的工具。如果石康说的是真的,那以后真的不用浪费那么多时间去追了。"

> **编辑我要说**
>
> 名人微博上的品牌代言越来越多,将微博影响力实打实地变现,虽然目前这种行为模式仅为少部分,但是,确实是存在。

政府重视微博的作用

2010年,曾被誉为中国微博元年,微博客异军突起成为备受追捧的舆论新阵地,对"网络问政"日益重视的政府机构和官员第一时间进驻微博,尝鲜官民互动网络新模式。

时至今日,党政机构和官员微博已覆盖从中央到地方多个行政层级以及众多职能部门,政府机构与官员开微博已然成为一种趋势。与此同时,微博问政也面临着困惑。

3月26日,首届"网络问政与舆情监测高峰论坛"在南宁召开,人民网舆情监测室在会上首度发布党政机构和官员微博发展报告。

据人民网舆情监测室不完全统计,仅人民微博、新浪微博、腾讯微博三大微博平台上,目前就已经有具备一定粉丝规模且信息发布频率较高的活跃党政机构微博400多个、官员微博200多个。人民网舆情监测室抽取了较有代表性的党政机构微博280个，进行分类统计。

在行业分布上，公安系统可谓一枝独秀。早在2010年2月，广东省公安系统便率先开设我国首批公安微博群。此后3个月内，广东公安微博共发布信息近万条，粉丝总数逾10万人，评论总数超过3万条。目前腾讯的广东公安微博粉丝突破300万，是中国目前粉丝数最多的政府网站。

2010年7月，北京市公安局公共关系领导小组成立，市公安局长傅政华担任领导小组组长。8月1日，"平安北京"党政机构和官员微博在新浪网开通，20天访问量即突破210万人次。

此后，全国各省市县各级公安微博群相继在人民微博、新浪微博、腾讯微博等平台出现。公安微博不仅数量众多，很多公安微博的总发言数也都居于前列。它们在信息发布、警情通报、安全常识推广等常规工作领域中服务于群众，并多次在突发事件中大显身手。

东部沿海的江苏、浙江两省，不但党政机构微博众多，也引领了官员团队开微博的势头。浙江省委常委、组织部长蔡奇是职务最高的微博网友之一，目前他的"粉丝"已超过34万人。

浙江干部兴起"微博热"，开通者包括嘉兴市环保局局长、舟山市委组织部部长、杭州市卫生局局长等。而在江苏省，宣传部常务副部长、文化厅厅长章剑华则是开微博的江苏官员中职务最高者。此外同样开通微博的还有南京市委宣传部网宣处处长，新闻出版处处长，泰州市委秘书长等。

据统计，目前新浪微博推荐的政府官员中，江苏和浙江分别有59人和50人，在全国省区市中位列前茅。

由微博互动带来的积极效应令人振奋。通过微博，不少官员成为网络红人，有些拥有了数十万级别的粉丝。

当然，微博问政的困惑也不少。目前的政府机构微博，更多发挥的还是信息发布平台作用。而在与网友互动及解决具体问题方面，却少有突破，与网友期待存在相当距离。

如何应对网友尖锐意见？针对网友提出的具体问题，如何答复、如何处理？北京大学新闻与传播学院副教授胡泳提出"政府微博三原则"：直面评论，学会讲话，结果为上。但如何落实显然有待实践检验。

在官员微博中,角色定位则是一个难题。谈工作,还是谈生活?微博中的官员往往不得不面临职务角色与个人身份转换的纠结,以及官员与普通民众话语表达空间、自由度的差异,一时间很难收放自如。对此,专业人士认为:"微博其实就是可以公开的日记。官员也是人,也有个性和喜好,表达出来没什么可怕的。"

而更重要的,还有话语表达方式的转变。微博平台草根化的话语环境,导致了对话语表达方式的特殊要求,"官话"在这里显得格格不入,"假大空"更徒增笑柄。官员微博发言必须摒弃陈旧的话语体系,学会个性化表达、人性化表达。

政府微博的开通,实现了更多、更快的政情发布,特别是遇突发事件,作用更为突出。除此之外,政府微博可以畅通官民对话渠道、拉近官民距离。

第二章
花心思写微博发微博

认为自己不是名人没机会写好微博是错误观念。做任何事情都是从小到大的,所有名人也是从不出名到出名的。其实得到推荐关注的名人很多,可推荐到一定度就会停止。名人也分写好或者写不好的,如何做得更好才是关键。不是名人的草根微博,也有不少做到上万关注。给自己做不好找理由是没办法成功的,成功与否,就看你是否愿意花心思在上面。

机会留给有准备的头脑

刚刚踏入微博的大军,你没有听众,没有广播,这个时候需要主动出击,主动去听别人,这样交换来一些初期的听众,为下一步大规模进攻打基础。听别人是有技巧的,不要一股脑的乱听一气,首先搞明白你下步要做的是什么推广,先后找受众人群,在找受众人群的时候,再细分一下,找那些活跃度高的,经常发布内容的人去听。这样的结果是,你发布的一些精彩的内容可能被他们立即看到或者转播了。

对微博新手来说,刚开设微博账号后,不要急着发微博。磨刀不误砍柴工,只有做好充分准备,你的微博之路才能更顺畅。

首先,要想好自己微博的定位,看自己能不能回答下面这两类问题:

其一,为谁写微博?是为亲友写,为自己写,还是为某个特定人群(如旅游爱好者、投资界朋友、科技界朋友……)而写?

其二,写微博主要为了什么?是为了记录自己的生活,为了社交交友,为了学习知识、技术,为了分享思想、经验,为了影响别人,为了展示自己,还只是为了休闲、娱乐?

回答了这些问题,你就会知道自己该写什么样的微博。比如说,如果是写给旅游爱好者,就多发布一些以前旅游的有趣照片,或者有用的旅游信息等。如果只是为亲友写,就可以随意些,如果想吸引粉丝、广交朋友、影响别人,就一定要学习写作和吸引粉丝的技巧。

互联网投资人蔡文胜在新浪微博上有上百万的粉丝,是IT业界最著名的微博主之一。蔡文胜说:"我开始写微博是因为兴趣,后来就定义为个人的信息发布平台和个人形象展示。我受粉丝欢迎的内容是关于创业、投资和自己的人生经验分享。"

正是因为蔡文胜对自己微博的定位有清晰的认识,将微博当作个人信息发布平台和个人形象展示的场所,他在写微博和推广自己时,才能有的放矢地在自己最熟悉的投资、创业等领域,分享对网友最有价值的信息。比如下面两条微博都引起了粉丝的很大关注,转发和评论数量非常多。

因为有明确的定位,蔡文胜的微博才显得个性鲜明,有信息和思想价值,才会受到粉丝追捧。

做准备工作时,最好花足时间分析那些人气最旺的微博主,看他们的微博为什么吸引人。特别是要去分析那些和自己定位相近的微博,学习别人的成功经验。初写微博,多学习、多模仿总不会错。

例如,你如果想写美食推介类的微博分享给朋友,那不妨先看看那些最有人气的美食类微博主是如何写微博的。

一条微博介绍番茄蛋包饭,另一条介绍毛血旺。虽说都是寻常可见的菜品,但在"摆渡大厨"的微博里,从做法、原料到厨师和食客的真情实感,娓娓道来,让人食指大动,真是美食微博中的精品。

先看后说,先学后写。多学习写微博的技巧和成功模式,不要太急于发布。比如,经过观察不难发现,在微博上时常写些幽默的内容,尤其是发生在自己身边的好玩的故事、笑话、冷笑话,对提升人气有很大帮助。

当然,记录身边的事,不等于记流水账。如果天天都在微博上说"我吃过饭了"、"洗洗睡了"、"上飞机了"之类的事情,也许可以让朋友了解自己的动态,但对吸引更多粉丝没什么帮助。普通网友对这样的流水账很快就会失去兴趣。

不但要学会用网页版微博的各种功能,还要学会熟练使用手机版微博。随时随地都能上微博、发微博,能够用手机及时捕捉生活瞬间,或者身边发生的实时新闻事件,你的微博才真正具有实时性,才有别人无法替代的有价值内容。

开始做微博我们大多数人是属于蛮干的,每天大量听别人,然后希望别人听我,通过这样的方式增加粉丝效果不是很好,到头来听众很多,但是粉丝却很少。

> **编辑我要说**
> 机会不会青睐无准备之人。做好佳备,才能写好微博,用好微博。

把自己介绍出去

每个微博主在微博上都有自己的个人首页,首页上可以添加微博主的自我介绍,供访问微博主首页的网友认识微博主、了解微博主。不同微博服务商提供的自我介绍信息不完全相同,但通常都包括头像、昵称、简短的自我介绍、标签等几个部分。

选头像时,要选一张比较有个性的照片,照片形状最好是正方形。照片中,自己的脸部要足够大,这样,即便被缩成小图,大家也可以认出来是你。

当然,头像也不一定就非要是自己啦。如果微博主是那种又时尚又可爱又新潮的人,选个好玩的卡通形象,也可以吸引不少人。看看新浪微博上人气最旺的姚晨用的头像,就可爱得很。

名字或昵称一定要想好。直接用真名当然挺好,但还有许多其他的起名方法:在名字前面加上修饰语,让人快速了解你,比如"喜欢高尔夫的某某某"，这样有同样爱好的人会通过搜索很快找到你。直接用可爱的网名或呢称，比如"1号美女"。

把网名或呢称和真名合并起来，比如"帅帅周明天"。用你微博的主要内容做名字，比如"生活晒智慧"。

用简短的话写好自我介绍并不容易。但这一句自我介绍是别的网友了解自己时，最先读到的有关你的信息内容，写得好可以在第一时间吸引别人眼球，就像好的气质和外表是一见钟情的必要条件一样。所以，自我介绍一定要简洁、明确，突出最主要的信息，清楚地告诉来访者，你是谁，有什么特征。同时，如果自我介绍能幽默一些，或者有诗意一些，那就再完美不过了。需要时，自我介绍里还可以给出网址链接。

蔡文胜：70后高中辍学混多种行业。2000年入互联网创业，投资域名创办265网站。现为天使投资人；4399，暴风影音，58同城，美图秀秀……

深雪zita：我是香港作家，深雪。著有《第8号当铺》、《死神首曲》、《人生拍卖会》等作品。我的网页：http://www.zitacatloft.com

鬼鬼吴映洁：每个人都曾经有过学走路的时候，总是需要一些时间学会走路……

刘雯：本身是一个微不足道的人，一不小心陷入了时尚的大舞台。自己还是微不足道的自己，承载了大家的很多关心。

标签就是你为自己以及自己的微博内容选的最合适的关键词。在微博世界中，无论是找人还是搜索内容，标签都可以帮助网友更快地找到你，可以帮助有相同爱好，相似话题的朋友更快地认识。

写好微博，最重要的是要真诚。相比于其他的发布方式，微博上的你往往更真实，更像生活中的你自己。所以，不要刻意掩饰，也不要刻意追求自己不习惯的语言风格。你说的话，只代表你自己。对待别人，对待自己都要坦诚。不要人云亦云，要坚持自己的想法和意见，在思想观点和立场上，切忌摇摆不定。

在微博上，因为氛围轻松，发言便捷，不会像以往在正式大会演讲或学术文章中那样，板着脸用严谨的词句说话，而是尽量贴近生活中的自己，说出心里想说的话。这也是一种真诚，而且，这种真诚在粉丝们看来，更加真实,也更加亲切。

拥有好的态度,也包括在写微博时,顾及读者的感受。发微博宁缺勿滥,不要发质量太低,根本没有人在乎的内容,也不要只总关注自己的小心思、小天地,因为别人不一定喜欢看那些只属于你自己的事情。要尽量多放眼看周围的世界,用良好的心态,和你的粉丝以及其他网友交流。

此外,微博切忌请人代笔、托人帮忙。本来微博就是个直接表现真实自己的好地方,如果连亲自写微博都没有时间,还需要他人代笔,那还不如不发微博的好,因为别人写的东西,总会与你自己的心里话相差甚远。

> **编辑我要说**
>
> 真诚,反映到微博的行文措词上,就是要风格鲜明,突出自己的个性,而不要刻意地学写书面语,或模仿不适合自己的行文风格。

博文不宜太过随意

很多微博新手一上来不知道该写些什么。其实,不妨先了解一下,大家平常都在微博上写些什么。如果一定要试着给常见的微博内容做个简单的分类,大家经常在微博上发布的内容类型包括:记录自己每天做了什么,到过哪里;记录自己每天想了什么,心情怎么样;写身边发生的有趣事、新鲜事;和朋友聊天、互动;参与某个热门话题的讨论;转发并评论别人的有趣微博,或网上看到的有趣图文;发布消息,直播突发事件;传播思想,教育和影响他人;发表文章或其他作品;推销品牌或产品……

有人在新浪微博上发起了一个投票,看大家在写微博时,上述哪一种类型的内容更多些。

结果,在5000多人参加的投票中,接近70%的网友经常写自己每天想了什么,心情怎么样,超过60%的网友经常转发或评论别人的有趣微博图文,超过40%的网友经常写自己身边发生的有趣事、新鲜事。

微博140个字的空间虽小,容量可不小。从个人到社会,从新闻到心情,天南地北海阔天空无所不包。从这个意义上说,微博作为一种媒体,其内容的立体和多样程度,是微博之所以吸引人的根本原因之一。对于微博主来说,可写的内容当然也就很多了。

关于自己的内容,可以简单地分成我在做什么(what I am doing)和我在想什么(what I am thinking)两类。当然,就像上面罗列的那样,独家的新闻消息、影评、书评、游戏评论、餐馆美食评论、节日活动、家庭趣事、温馨故事、时事和产业分析、经验分享之类,大家只要想写,就都可以写。简单地说,只要是有利于展示自己的内容,或者和网友交流的内容,而且是自己想写的,就都可以写在微博里。

可能很少人知道,新浪微博认证的重庆大学学工部微博是由12名在校大学生在打理。官方信息的发布一般严肃、古板,这可能是同学为大部分学校的官方微博贴上的标签。然而,在这12名同学的用心经营下,重庆大学学工部微博却很清新,为不少重大学生所喜爱。

尹克寒不会想到,自己有生以来第一次接触微博竟然是从重庆大学学工部的官方微博开始,而那时,这名重大贸行学院研二的学生在学工部任学生助管。

刚接触微博时,尹克寒并没有因为这是一个新鲜事物而感到兴奋。"虽然是认证微博,但粉丝只有300多个,发出去的信息很少被评论,而且即使是这样,每天还是要不停地更新微博。"尹克寒回忆称,那个时候,发在学工部官方微博上的信息几乎都是学校的一些官方新闻和通知,循规蹈矩。

2011年5月底进行的第二次学工部微博通讯员招聘上,转机出现了。经过层层选拔,8名重大学生成为了学工部微博的通讯员,加上原有的4名通讯员,这12名学生为学工部微博带来了生机。"我们开始关注同学们的校园生活,而不仅仅是转发学校的一些通知。"尹克寒说。

他还记得7月22日清晨,自己上课途中,在校园内看见一名清洁工人在打扫清洁的同时,一名可能不到10岁的小女孩也在拿着高出她一个头的扫帚清扫。尹克寒用手机拍下了这张照片,回到寝室后将照片上传到了学工部微博上。

"此后,不少同学转发并评论了这条微博,真没想到会这么火。"回想起当时的情景,尹克寒不禁笑了起来,而这也改变了他对微博的认识。

虽然通过招聘,不少重大的学生知道学工部微博有这样一群通讯员,然而他们可能不知道,他们其实是一群学生。

目前,经过同学们大半年的努力,重大学工部官方微博的粉丝也从最初的300多人增加到现在的1699人。尹克寒总结出,贴近校园生活、能够为同学们解惑答疑的微博信息才是最受同学们关注的。

编辑我要说

微博不是一个信息封闭空间,而是和整个互联网连接的。所以,你可以尽情去其他网站找好的内容,写在你自己的微博里。

揣摩别人的心理和需求

有一句话：在微博里最重要的就是吸引眼球。微博上，每个人都想被别人关注，都想有"粉丝"，同时，每个人都会常常与别人分享，在分享、关注和转发这么一个过程中，如何吸引眼球就显得很重要。微博营销越来越受关注，渐渐也形成了一个新的网络营销战场，作为一个社会化媒体平台，用户的心理研究必不可少，而且要在开展微博营销之前就要做好，这就是"兵马未动，粮草先行"。

作为新浪微博读者，您阅读新浪微博的目的是什么？用户阅读微博的目的性是多种多样的，主要是关注其他用户的见闻、观点和评论，还有会关注时政民生、财经文体新闻等，收藏有用的信息也是用户阅读微博的目的之一。

您最希望新浪微博能提供哪类消息？社会民生类、时政类、闲闻轶事和笑话段子类相对来说是用户更希望在微博里看到的。

您最关注新浪微博的哪些类型的内容？社会民生、时政、朋友生活见闻、闲闻轶事和笑话段子、明星娱乐八卦、文艺类等信息是用户比较关注的。

您最常发布哪些类型的信息？用户最常发的还是自己的生活琐事及观点，另外也会转发一些闲闻轶事和笑话段子、文艺信息、社会民生信息等。

您最常转发的信息是什么类型？能够吸引用户转发的内容主要有：闲闻轶事和笑话段子、社会民生信息、朋友生活见闻、明星八卦新闻、时政类信息等。

您最常评论哪些类型的信息？在新浪微博评论和转发不一样，能够评论的就是用户看到了信息后的直观感受，会吸引用户评论的内容有：他人的生活见闻、社会民生、闲闻轶事和笑话段子、明星八卦和时政类信息等。

以上是这个用户行为心理调查的其中几个问题，覆盖了多方面。通过这个调查可以大致了解到微博用户的心理及行为习惯等，当然以上调查表数量较少，用户范围较宽，对于精准微博营销来说，需要更细的调查。据一项心理学方面的研究实验结果：信息随着情绪（如焦虑和高兴）更容易传播出去。

要吸引更多粉丝和增加影响力，就必须知道大家喜欢在微博上看些什么。然后，在写微博时，才可以有的放矢，在内容选择上，适当增加一些倾向性。当然，了解大家的喜好、增加一些倾向性并不代表着放弃你自己的个性和你自己喜欢的内容。写微博，首先是要展示你自己，这是第一位的。在展示自己的同时，如果能根据大家的喜好，适当选择内容，这当然就更有利于在微博上传播你自己的声音了。所以，这两个方面是相辅相成的，而不是相互对立的。

也就是说，写微博前，不妨先多花点时间，仔细读读微博人气榜上，那些最热门微博主的最热门的微博（就是评论和转发数量最多的微博），用自己的智慧分析一下，大家为什么喜欢读这些微博，这些受欢迎的微博在内容上有什么共同特征，在写作手法上有没有值得借鉴的地方，等等。

在写微博时，要平衡"你想要大家看的"和"大家想看的"这两者的关系，既不要把微博变成纯粹的个人流水账，尽写些别人不感兴趣的内容，也不要纯粹依照大家的喜好来写，完全丢掉了自己的个性特点。一个有效的做法是，在符合自己个性特点的前提下，多发些大家想读的内容，同时，里面穿插一些你想让他们读的内容。

拿成功企业家来说，几乎人人知道大家看他们的微博，很大程度上是想了解他们的思想和他们推荐的独家信息，比如新书、新技术等，对此，他们也很注意在微博上撰写相关的内容。

编辑我要说

微博内容的撰写不需要刻意进行，很多时候都可以和自己做了什么、想了什么很自然地联系起来，当然适当还要揣摩粉丝的心理。

强化主题不断积累

写微博,说来是几十秒的工夫,但真要写好微博,就不仅仅是写和发那一小会儿的事情了。如果平时能多积累、多储备,写微博的时候,好的内容就可以信手拈来,就不用再为写不出内容而一筹莫展。

在如何留意、积累这方面,包括:平时多留意合适的题目、合适的内容,形成习惯后,脑子里的积累就越来越多,写微博就很容易了。

"我的新浪微博粉丝突破九万个,首次替广告商发布带有嵌入式广告的微博,通过大量转发和评论,终于获得第一桶金——六百元。"2011年4月18日,华中师范大学汉口分校07级人力资源管理专业的李波发表了这样一条微博,庆祝自己的"丰收"。

四个月前李波在新浪注册了一个微博并取名"灰色票票",开始了他的首次微博创业之路。"普通创业需要自己去寻找市场和客户,而微博则不需要,全中国每天有上亿的人在玩微博,这就代表有上亿人的客户群体。人气高的微博很受经销商青睐,他们会买回去做广告。"李波说,"微博创业已经渐渐成为一种不错的创业方式。"

从申请账号的那一刻起,李波便加入了"微博控"的行列,4个月来共计发布微博28万条,一共积攒粉丝16万人,除去不讲话的"僵尸粉丝",活跃在自己博友群的有效粉丝达9万人。如今这个微博账号已被某广告公司以600元的价钱买走,他也借此得到自己的第一桶金。

"其实'灰色票票'的市价远远大于600元,我想对我来说这600元代表的,更多的是对我首次创业的肯定。"李波笑着说,"现在这个市场竞争压力还是蛮大的,有些计算机高手通过驱动程序转发微博和注册,再通过程序批量给这些账号发帖以及加粉丝。别人是机器批发,我是手工生产。"

"人气高的微博账号,一般通过广告代理商转给产品经销商,这需要你养的账号有固定的主题,从而吸引对它感兴趣的粉丝长期关注,树立自己的公信力,这样经销商打出的广告才会起到作用。"李波介绍说。李波喜欢街拍和运动,"灰色票票"所发微博大多也离不开这两个主题。

强化主题离不开积累,而积累并不意味着不注重时效性。随时留意、随时积累就是为了在最恰当的时间,更快地发出最合适的内容。

比如,在境外的新闻网站已经发出某个新闻或消息,但内地新闻媒体还没有翻译或转发之前,如果我注意到了,并且发现信息本身对内地网友有价值,那我就会在第一时间在微博上转发。需要时,我还会充当翻译。这种第一手信息的获得,当然也来自于平时多留意,多积累。

看到新颖的国外科技新闻或其他地方的社会新闻,可以"独家"首发。相信每个人都会有一些自己最熟悉的领域,可以发出独家新闻。

在网上"冲浪"时,看到有趣的网站、网页、图片、内容,我会先用书签收藏起来,等以后合适的时候再发。

看书的时候,如果有富有智慧或引发深思的内容,不妨在书上折角记下来。一旦微博火了,正好可以供你使用。有时候发几个格言,就有人问你是否从什么"名人名言"书上抄下来,其实都是多年的积累。

睡前关电脑时想想,今天有没有什么值得分享的东西,例如跟谁聊了什么,看见了什么,听见了什么,等等。

如果有好的微博灵感,但又没有形成最后的文字,或者时机不合适,那就先记录下来。在电脑里,做一个 Word 文档,把所有未来可能会在微博中用到的原始材料放到里面,这样,不但有利于积累、提炼后发高质量的微博,也可以配合最佳的发微博时间,以吸引更多粉丝。

编辑我要说

读书、看电影、听演讲甚至玩游戏的时候,都尝试把自己想到的事情先记下来,然后等有空闲的时候,再把它们整理成一条条的微博。

在严格限制中长袖善舞

每条微博只有140个字。别小看这140个字,要用好它,其中可有大学问。每条微博140个字的限制,用英文写作时,只够写一句半句的,很难表达细腻、复杂的意思。但用中文来写微博,140个字用得好时,就是一个相当丰富多彩的小天地。

140个字的微博虽短,但赋予我们的表达空间却相当大。写好微博,要先学会用好这140个字。一般说来,微博内容可以分为开头、中间、结尾三部分。开头要一下子吸引人的眼球,中间要清晰、有条理,结尾要突出重点,可以在结尾提出互动性问题或诱导转发、评论。

微博的开头第一句话非常重要,要足够吸引人,在需要的场合,甚至可以有点儿劲爆、有点儿煽情。正如每篇新闻都要有凝练、醒目、吸引人注意的导语一样,微博开头第一句话就是微博的导语。

微博的最后一句话也很重要,可以用一些醒目的字眼再次点题,也可以写一句互动性的话,抛出问题让大家思考,或者诱导大家转发、评论。最后提问的方式显然有助于增加评论数量,但因为大家倾向于转发有趣、有价值的内容,而微博中最后的提问可能会显得微博并没有结束,不适合作为完整的内容转发。所以,如果你想引导大家更多转发,则可以在最后加上"请转发",往往也会有好的效果。

短短140字,非常符合写作和传媒的理论:第一句就像标题,吸引读者注意,最后一句就像结论,引发读者思考。

微博的140个字，不但可以有纯粹的文字内容，在需要时，也可以加上网址链接，链接到其他网站、其他微博等外部资源。本来嘛，微博是互联网的一部分，并不是一个封闭空间，信息之间的相互链接有助于网友快速找到原始信息或相关信息位置，帮助读者扩大阅读范围。

例如，你在微博上解释自己的座右铭的出处时，同时给出了指向出处的网页链接。这样，阅读微博的人很容易知道，我的座右铭是从祈祷文改编而来。如果读者有兴趣知道原始的祈祷文到底是怎样写的，那他只要打开超级链接，就可以读到英文原文，也可以知道原作者是美国神学家尼布尔博士。

在140个字的中文微博里，使用标点符号时一定要注意，千万不要使用英文半角的标点符号。因为英文半角标点占的空间很小，两边的汉字就好像紧紧贴在一起似的。本来微博140个字的显示空间就不大，现在所有字都挤作一团，既不美观，也影响阅读。反之，如果严格使用中文全角标点符号，那微博显示出来，就非常清晰、易读。

如果要表达的内容较多，且有条理，请用1、2、3这样的编号将主要观点标记、划分清楚。当然，这一方法只适合理性分析型的微博，不适用于感性表述型的微博。

语言要简短，言简意赅，清晰准确。不要每次都强求把140个汉字用完。最好是一条微博表达一个完整的信息，或一条微博讲一个故事。不要把无关的内容都塞进来。

发第一个微博时，如果需要，可以用完140字。但如果是转发自己或别人的微博，那转发时增加的评论内容就不要太长，尽量少于100字，否则，当这个转发被其他人连环转发时，因为连环转发的所有新增内容是共享140个字空间的，别人可以增添新内容的空间就太少了。

发出微博之前，一定要把这不到140个字的内容再检查一遍，谨防有错别字、表达不清或疏漏的地方。

如果内容是那种需要大家帮助的，比如慈善类的，那最好缀上"请帮忙转发"，或者"请帮忙"等字样提醒大家注意。

此外,因为微博的140个字是无法更改的。如果在发出之后才发现有错误的内容,那就尽快删除那条微博,再重写一条新的。

编辑我要说

微博发出之后,也要记得留意一下粉丝们的评论,看有没有错误或者引起人反感的地方,如果有,可以删除重发,也可以彻底删除。

图文并茂如穿针引线

这样的场景你一定不会陌生:某条街道上,各个门店都在抢顾客注意力。招牌海报琳琅满目,甚至听到各家门口的吆喝招徕,双管齐下,夺人耳目。不能理解的是,为什么有些店铺的录音机里放的,竟然是流行歌曲,比如《甜蜜蜜》或《凤凰传奇》,不知道与他们的业务宣传比如"二元店"或"清仓大甩卖"有什么关系。往往在这样的街上,一家店的声音务必比另一家更响。或许声音大就有更多注意力,就带来更多商机——店家是促销专业人士,人家这么做,肯定不是无厘头。

就像那些热门微博,百十来字正文,还配一张图片。要么唯美,要么搞笑,图片倒是不错,不过思索一下,这图片与文字有什么关系,不配这个图文字讲不清吗?

最直接的是,这样其实挺美的,养眼,也没有什么坏处。就像对商店放大音量的声音一样。并且,发微博要想引起注意,就要多使用图片功能。人家只限制140个字,还能发一张图片,不发白不发。当然,对于那种把上千字的文字内容做成一个"长微博"的图片发成一条微博,更是让人佩服其聪明,起码是钻了微博限制字数的空子。

国内门户类的微博服务,如新浪微博和腾讯微博,与海外的Twitter相比,有一个很大的区别就是图文并茂。我们在微博页面上看到的,不仅仅有微博主发的140个字以内的文字,还可以直接看到微博分享的照片、视频或转发的原始微博。所有信息都集成在一起。这时,如果你只发文字微博,在粉丝们看到的页面里,你的微博就很容易淹没在其他图文并茂的微博中。

图文并茂的微博可以分为两类,一类以文字为主,配图为辅。另一类以图片(包括视频)为主,文字为辅。

以文字为主的微博,一张好的配图往往比千言万语更有说服力(A picture is worth a thousand words)。所以,只要时间允许,就一定要为你的文字配上好的图片(当然也包括好的视频)。在电脑上发微博时,可以很方便地用图片搜索找到好的图片,或使用自己电脑上积累的图片。在手机上发微博时,如果搜图片太麻烦,可以考虑用手机来拍照片。如果有用手机随时拍有趣事物的习惯,那即便是手机发微博时,也不愁没有图片配了。

配图片时,没必要传太大的图片。显示在粉丝们面前时,图片总会被缩小展示。手机发布的图片通常也会被压缩后上传。所以,一般传100KB以内的图片,只要足够清晰就可以了。

如果是文字配图,搜索时,中文关键词的搜索效果往往不好,因为中文图片内容有限。不妨试试对应的英文关键词。有时候,输入两个和文字相关的英文单词,通常可以找到与文字内容非常搭配,让你惊讶的图片。

以图片为主的微博,其目的是要用图片本身来讲故事或表达意思的。这个时候,相配的文字就一定要简短有力,字数越少越好,或点题,或煽情,只要达到吸引读者放大图片仔细观看的目的就足够了。如果文字太多,就会让读者失去耐心,连图片也不愿展开来看。

新浪微博比Twitter多了一个发图片的选择,让网友发帖有更多的空间,似乎提供了更好的选择,没有什么害处。当然,如果你不喜欢这个功能,你可以不发图片。

我们大家更在意发微博时是否比较爽,忽略了自己在微博上浪费了多少时间。所以,新浪的热门微博(比如:文怡或程苓峰)都爱帖一张图片,表面上,这是敬业以飨读者,或者读图时代的进步。其实是消耗读者宝贵的阅读时间来强化自己抢夺读者注意力。没有人能主动约束自己减少对读者信息负担,甚至与发帖风格无关。新浪微博既然设计了这套发图的功能和制度,就培养出来这样的新浪热门微博的发帖风格。甚至,这种发图悦目的风格,也就培养出来我们这样的读者。

> **编辑我要说**
>
> "我们打造了工具,而工具也会反过来塑造我们。"这句话是马歇尔·麦克卢汉的名言,对于微博大概也是适用的。

幽默微博才有赚头

在阅读越来越娱乐化、传播越来越社会化的今天,微博作为最大众化、最社会化的媒体平台,必须满足绝大多数人快速阅读、轻松生活的需要。而在所有的阅读需求中,最普遍,也最容易引起绝大多数人共鸣的一种表达方式,就是幽默。

只要看一下微博人气榜,就不难发现,大家对幽默内容的关注度有多高。高居草根人气榜前列的微博里面,像"冷笑话精选"、"微博搞笑排行榜"、"我们爱讲冷笑话"、"段子"之类的微博主,其粉丝数量都以数十万、数百万计。

正因为如此,我们在写微博时,也要学会在适当时候,用一点儿幽默的小技巧,让自己的微博引起更多人的兴趣。

微博里的幽默有很多类型,转发的幽默图文,自我调侃、自嘲式的幽默,自己或朋友的糗事,对严肃内容的幽默解析、点评,自创的笑话段子,生活中发现的冷笑话,等等,不一而足。

当然,转发或改写的笑话终归是别人的创作。如果能从你自己的生活中,发掘那些最有趣的人和事,把他们写成幽默段子,或者,根据你自己的生活经验改编已有的笑话、段子,那多半能收到更好的效果。

生活中,即便是充满幽默感的趣事、笑话,有时候也非常感人。甚至,还可以在转发并非幽默的微博时,用幽默的方式加以点评。

据新闻媒体报道,微博上一些联系草根博客来进行商业推广的私信已经出现了:"你们发一条微博多少钱?都有怎样的合作方式?""博主您好!我是某某团购网站,想借您的微博发一条广告,请私信回复。""谈发帖广告合作的,媒介电话……"诸如此类的广告需求不断涌现。

我们知道,刚开始微博走的是名人明星路线,尤其是新浪微博,几乎聚集了中国90%的公众人物。但是随着微搏的不断发展,草根微博开始崛起,同样也吸引了大量的粉丝。一些草根名博粉丝众多,甚至不比某些明星少,因此有广告商找上门来进行付费推广也不足为奇,广告收入成了草根名博赚钱的最主要方式。

其实这些所谓的草根微博,背后往往有专业的团队打理。他们针对某一鲜明的主题,网罗互联网上的信息,受到很多粉丝的追捧。比如"冷笑话精选"这个微博,其背后的主人是一个24岁的计算机爱好者,名字叫尹光旭,现在已经成为最著名的草根微博之一,微博的粉丝数量已经超过了200万。其实在新浪微博中,"热电影"、"微博搞笑排行榜"、"星座爱情001"等微博账号也都受关注,他们热心网罗世界各地好吃、好玩、好笑的内容,告诉大家每个星座的八卦,在微博上聚集了大量的人气。

  一些信息通过草根微博的转发,就可以达到传播的目的。二三百元就能在微博上插播一条广告。有些博主甚至月入过万。不少草根名博团队单人的收入已经过万,比普通白领挣得要多,而一些较早且成熟的微博主收入至少是上班小白领的1.5倍。

  据之前的一些媒体报道,微博搞笑排行榜负责人曾经发过一份报价单显示,在其主要微博搞笑排行榜上发广告,一条收费500元,而其团队的另外两个微博"宠萌集中营"、"全球创意搜罗"则分别收费200元。记者特此咨询了一些商业合作的公司,一位女士告诉记者:"现在与草根微博合作,形式多样,其实价格并没有固定的标准,有一些博主加入了自己的创意,我们可以多付费。而一些简单的合作,就少付费。关键是现在并没有所谓的行业标准,具体的合作,我们都会谈具体的价格。"

  很多广告主表示,与草根名博合作效率很高,操作也相对简单。一般不用签合同也不用走太多流程,在QQ或电话上沟通后就可以直接发布指定内容或转发广告内容了,还可以用手机发布,一般任务分配出去半小时内就能操作完毕。据了解,现在与草根名博合作的商家涵盖了汽车、电子产品、快速消费品等行业。

编辑我要说

  很多广告主和广告公司异常青睐这些草根名微博,尤其是团购网站已经成为主要的广告客户,他们试图把商业广告巧妙地放进这些微博里。

万不可虚情假意

通过微博求职,近来正成为一种流行风潮,被年轻求职者广泛采用。"因为简短,所以要有特色,为这我没少动脑筋。"有网友编写了四套不同风格的"微简历",又花了一个星期时间上网搜索用人单位微博,不断群发。"一开始觉得,能一下和这么多用人单位直接联系,要比挤招聘会省力省时多了,可看下来效果并不怎样,只有几家单位微博上有回复,大多石沉大海,还有些甚至把我列入了'黑名单',再也发不了言了。"后来觉得这样求职实在"不靠谱",最后还是回到了招聘会里。

微博求职成功率不高,其实不光是一个人感觉。根据中国求职网对微博求职者的调查,只有22%的网友认为这种求职有效,而通过微博求职的成功率更是不到3%。

专家认为,微博传播的特点是点对点精准传播,求职者能直接与用人单位甚至是企业负责人书面沟通,但这也意味着求职信息要更加契合对方的胃口。类似于群发这样的撒网式求职,通过微博肯定不合适;而要表现自我,也要考虑对方的接受程度。

近来,一名叫"四川成都张久"的微博,引来众多网友围观。博客里,记录着他骗人的事情和心情。

从2011年9月23日起,一个自称张久的网友,在微博里称自己从2005年开始,不断欺骗周围的亲朋好友,借钱不还。尽管有心改过,但他还是控制不住自己。

"我的小孩也会长大,我不想让他知道爸爸是这样一个诈骗犯。"张久说。

和大多数微博晒各种新鲜事不同,"四川成都张久"晒的内容,让人吃惊不已。

"我叫张久,是个骗子。"9月24日,他在微博里称,"我今天骗了一个旧同事的钱,说我家小孩生病了。"

10月27日,张久在微博上"直播"自己的骗人行为,并在结尾处添加一个表示胜利的表情。

"为什么要去还骗来的钱呢?钱多钱少,我都不想还。"10月31日,他在微博里为自己加了个外号——"诈骗哥"。

博客上,张久写下一篇名为《一个四川骗子给大家的公开信》的文章。文中称,自己2005年毕业后,就开始了骗人生涯。"在不同公司工作,当钱不够用时,就向其他同事借。"张久称,借得多了,他就换工作、电话卡。朋友、同事,都成了他下手的目标。

"没有机会发达,想享受生活却没有钱。"张久给出了不断骗人的理由。

"现在我有心改过,但时常控制不住自己去行骗。写这篇文章,是为了警示自己,不再骗人。"他在文章最后写道。

张久在微博中,留下了5个电话号码,一个QQ号,一个电子邮箱,以及16张生活照。其中有单独照的,还有和一名年约20岁女子的合影。

"相片中的男人就是我本人。"张久在照片旁标注。华西都市报记者试图联系张久,但发现微博中所留的号码打不通。

几经周折,记者联系到了几名张久从前的朋友、同事。

"他对周围的人都称兄道弟。"Shelly是香港一家公司的客户经理。2008年,张久在该公司任职过一段时间,很快和Shelly成为朋友。

"2008年底,他办理离职手续时,找我借了2000元钱。"Shelly告诉记者,张久之后一直称自己在东莞工作,借的钱随时都可以还,"他就这样拖了2年,直到今年我再打他手机,他已经换了号,邮件也不再回。"

"照片里的人就是张久,他是个大骗子。"昨日上午,在浏览了张久微博里的照片后,吴芳(化名)气愤地对记者说,2006年,她在西昌认识了张久,很快以姐弟相称,"张久嘴巴甜,很会关心人,除了花钱有些大手大脚,一开始没看出有什么毛病。"

张久陆续在吴芳处借了几千元钱后,离开了西昌。"开始我不以为意,后来发现,我认识的不少人,都借过钱给张久。"吴芳在网上给张久留言,希望他能尽快还钱。张久随后关机,不知所终。

> **编辑我要说**
> 总之,不管什么方式发微博,也不能丢了真诚的态度,否则即便赚不了眼球,反而会丢了人格甚至犯法。

写微博正在融入我们的生活

如果在中秋节前那个下着小雨的周末夜,你恰好被堵在北京的大马路上,已经在车里"吃了一个桃儿,两小袋儿话梅,一袋干脆面,半瓶儿脉动,看了3页杂志,感到有些尿急",可前面的车仍没有要动的迹象时,你能怎么办?

网友"DoubleR"就这样被困在车里40分钟——以上细节均出自他的微博。在那个糟糕的夜晚,除了广播里喋喋不休的路况信息和微博上的牢骚外,还有什么能让你产生"我们同在"的心理平衡感?

这是属于微博的夜晚。"因国家工商总局门前路口大堵车,月坛北街,钓鱼台这一块车子寸步难行,许多人选择步行。""北京堵爆了,敢开车出门吗？上演真实版《人在窘途》啊！杯具的是,油箱没油了！救命！""从海淀桥到鲁谷,平常20分钟的路走了1小时10分钟。万幸,出来了。"

这些微博的发送者,包括网友"邓小楷",演员徐峥,还有新浪微博运营总监曹增辉。在那个夜晚,无数个微博用户像他们3人一样,困守路上,只能靠140个字陪伴着自己。

只要你注册了一个或者若干个微博账户,你就是一个微博用户,你就可以在这个平台上随时随地生产微内容,不管是一个字还是半句话,不管它有没有信息含量,每一条微博都成为这个平台上的一个碎片。世界杯举办的那些夏夜,仅新浪微博,每秒钟最多可以生产出3000条"观赛碎片"。

如果你在微博上有100个粉丝,那就意味着不管是开心、牢骚还是抱怨,你的情绪正在被100个人分享,甚至可以向全世界撒娇。根据加拿大媒体分析机构SYSOMOS对Twitter的研究显示,追随者越多,所发tweet(微博)也越多,一旦追随者人数达1000人,Twitter用户平均每天所发tweet的数量便达3至6条；如果追随者人数超过1750人,平均每天发tweet数最多可达10条。

"究竟有谁会在乎我一天24小时都在做些什么？"《纽约时报》的"从Facebook到Twitter：数字化亲密的美丽新世界"一文,援引了一位专栏作家对Twitter等SNS媒体的质疑,"连我自己都不在乎。"

这种"直播癖",又被认为与"社交孤独症"密切相关。学者李银河被多次转载的一条微博就这样写道："我之所以至今仍停留在博客阶段没进入微博阶段,是因为听了一个朋友的话：写博客是为了让人知道你的思想；写微博是为了让人知道你的生活。我现在还没进化到让人了解我生活的阶段,想让别人知道自己生活的不外乎两种：一种是孤独得厉害,一种是自我膨胀得厉害。我既不孤独也不膨胀,所以不写微博。"

一个人的虚拟身份与真实身份之间的界线,到底在哪里？路透社日前颁布《网络报道守则》,首次对记者使用社会化媒体制定了详细规范。该《守则》指出,网络打破了记者作为自由人和作为专业人士之间的界限,记者应该明白,在社会化媒体上,职业行为和个人行为是不能截然分开的。

中秋节前北京那场交通大堵塞中,一张名为"北京大堵车"的图片曾在新浪微博被多次转帖。一天后,台湾乐评人马世芳发微博指出,这张照片是根据 10 年前摄于洛杉矶的照片 PS 而来的,并贴上原图对比。这一来,网友才发现,的确,北京的路没有双向 10 车道,北京城里也不会有山。"连海峡对岸的同胞都看出堵车图片是 P 的,可还是有那么多生活在北京的人被骗。这是为什么呢?路两旁的绿色,也没让你怀疑一下吗?"一位网友这样质疑。

"这不赖工具,还是人的问题。有的人用它泄愤,也会有假新闻。在微博里揭破假信息也很容易,经常有人转发时就指出来了。"北京大学中文系教授张颐武说。

编辑我要说

微博让人更成熟地去观察事物,对人性的复杂性容易多一种理解。它就像一个自由市场,需要你增加鉴别力。而且,我们如同向往自由市场一样向往微博。

第三章

普通人可有万千粉丝

　　吸引粉丝可是个技术活儿,总的来说,就是要让粉丝觉得这个微博有内容,有看头,是个内涵博。比如要卖玩具,除了发布有关玩具的相关知识,还可以转发一些有关玩具的趣图,一些名人对玩具的爱好,或者是有关玩具历史的小段落,摘取一些以玩具为主题的文字碎片。只要用心经营,粉丝数量就可以稳步提升。

争取粉丝是第一要义

微博粉丝是在微博里对某一博主保持持续关注的群体,当微博的博主在其微博上发表新的留言,第一时间关注他的大多数情况下就会是该微博的粉丝。同时粉丝们又会将其言论传播到更大的范围,使得博主的影响力逐步扩大,由此引发了粉丝数量上的竞争。

粉丝这个名词出现在社会化营销时期不是一个偶然。营销部门在开始的时候是把受众简单分为潜在客户和客户两大类,后来又将潜在客户细分为睡眠客户、目标客户、精准客户。但是无论怎样细分,营销部门要做的事情都是将产品信息植入到潜在客户的脑子中,让他们随着信息量的增加而产生购买的冲动。但是有了互动,就有了粉丝这样一个群体。

一方面,这个群体随着互动和沟通,和企业获得同一理念或者价值;另一方面,在有了共同的价值观以后,粉丝会帮助信息再次传播,也就是口碑传播。

社会化产生了粉丝,粉丝促进了社会化工具的升级,粉丝也有了钢丝、粉丝群体、意见领袖的不同层次。

如何争取粉丝,不仅是一种新的理念,也成为一门新的学问了。

企业在争取微博粉丝的时候,首先要解决一个定位问题:你需要的粉丝是谁?是希望和你关心并且讨论同一个问题的人吗?

这很重要。一般而言,粉丝的关注和产品很有关系。如果是快消品、时尚产品、规模化生产的产品,企业需要的是大众。但是对多数企业来讲,他们生产的产品是小众需求的，或者是满足地方性需求的，他们需要的粉丝就是一个小众，他们所做的一切，都是对小众粉丝群体的寻找和积累。如果这个目标确定了，所有的措施也容易明确，并且在此过程中会不断有粉丝积累的愉悦。

在美国已经有了粉丝管理平台，具体的方法是不管你发在什么地方的文章和消息，只要那里的粉丝有评论，就都会在第一时间反馈到你指定的平台上，让你能够集中时间阅读。然后，你可以统一在这个平台上给予回复，并且是回复到原来的站点上的，这样会方便你的粉丝很快阅读，而你又能够得到对所有粉丝的统一数据管理。

在你发布微博的时候，你应该有群众观点，就是说，你除了发布你有兴趣的文字外，你还要考虑到你的粉丝的需求，你要有乐于助人的精神，经常发布一些你的粉丝感兴趣的内容，也许这样的内容是重复的，是你已经掌握的，但是你还是要考虑到你的粉丝的需要，他们经常帮助你，你也应该帮助他们，因为粉丝是相对的。

粉丝是相对的，这个理念很重要，你的粉丝经常期待着能对你有所帮助。只要你有需要，你的粉丝是以能够帮助你而感到愉快的。如果你碰到一些有趣话题，但确实不知道它的答案时，你应该主动地向粉丝寻求帮助，主动发送信息，请他们回复你，如果你还能够公开给予他们奖励，那就更完美了。

如果你发现某个人有很大的粉丝群，他的粉丝群和你的粉丝群性质是一样的，你可以和对方商量，是否可以联合组织一个话题来讨论？这本来是一个企业用来联合营销的方法，叫同一目标客户的联合开发，如今放在合作开发粉丝群上了，这也是一样有意义的。

微博要做的事情其实不复杂，一个是发有内容的信息，一个是及时回复，再一个就是组织粉丝。当然，简单的事情有时候反而需要学问和理念。

根据微博粉丝参与程度的高低以及粉丝的行为表现和动机，微博活动的粉丝类型可以分为"看客、评论员、积极分子、代言人"这四个层级。从看客到代言人，微博活动的参与者数量逐渐递减，但参与质量却越来越高。相比高参与度的"积极分子"和"代言人"，低参与度的"看客"、"评论员"

同样重要,因为他们可以传播活动的信息,为品牌的微博活动充分造势,形成轰动效应。

> **编辑我要说**
> 粉丝参与度决定了微博粉丝对博主的认同程度,同时,它还对博主人气的效果产生根本的影响。

粉丝数量影响很大

在新浪微博上,名人的粉丝会有上百万,大企业的粉丝也会上万,而中小企业在争取粉丝的数量上则显得比较困难,几乎所有企业都提出相同的问题:我们应该不应该关注粉丝数量?关注到多大的程度?需要投资吗?用投资方法得来的粉丝是有价值的吗?这样的粉丝进来容易,取消关注也会容易吗?需要对他们进行维护吗?

有人说,蔡文胜的成功得益于一个最大的理念:有了用户就一定会有商业模式,而绝不是想好了模式再来找用户。还有文章说,蔡文胜是典型的生意型个人网站主,凡是可以快速导致现金流正向的行为,他一概奋勇向前,速战速决。还有许多评论提到,一直以来,蔡文胜都善于交往。互联网是个网状结构,人人为我,我为人人,谁善于交朋友就意味着谁就有更多合作的机会。蔡文胜身上的这个优点,是很多创业者身上所没有的。因为善于接触和交流,就容易得到资本的信任。蔡文胜的成功在于能从简单模式着手,并在这个基础上思考一些利于价值获取的点子。

蔡文胜的看法是:"微博可能就是提供了一个更好的空间与机会。我觉得最大的意思就在这里。以前,你做网站可能要考虑很多方面。我们也知道现在在网站创业能够借助微博这样的平台,我觉得你能省去很多事情,你能把你的精力用在什么方面?用于创造内容,用于创造有价值的内容。接下来,新浪微博或者其他的一些,百度、谷歌都会介入你的平台。你也不用提供广告,如果说你有足够的粉丝,可以建广告。"

听了这些,你就明白了,问题就有了答案。这是蔡文胜2011年5月29日访谈时说的话,几天以后,6月1日和6月16日,他两次投资50万元在新浪微博上搞活动,赢得100万粉丝的跟随,目的已经是清清楚楚的了。

以前博客也流行了一段时间,但是博客之所以没有大面积流行,是因为写博客要写更多的文字,要长篇大论,那些并不是每个人都能写好的。另外一个是不能随时随地。再有就是,互动性不高。微博刚好解决的是这三个问题。所以我觉得微博接下来在中国还会有更大范围的发展。比如到2011年,会普及到老百姓,那微博将是一个非常大的平台。借助这个平台,也就给站长们提供了一个很好的创业机会。我们知道,一个网站的价值在于访问量,而一个微博也一样,就是你的听众是多少、你的关注度是多少,既然关注多了,价值就出来了。关注多了,也就意味着粉丝多了。

Twitter在推出以后,它的创始人认为,每个用户估计也就是有10个粉丝,每天可能会发布3次留言。这个估计在Twitter的初期是正确的,直至Twitter在全世界120多个国家有了数百万用户以后也是如此。一直到媒体明星、知名人士突然有了数万甚至超过百万的粉丝以后,人们才发现了Twitter的群聚力量。等到企业嗅觉到这个特点以后,Twitter的商业特性开始被挖掘,重视粉丝的风气愈演愈烈。

对许多商业人士来讲,门庭若市是最重要的,即便访客中有许多是看热闹的,也一样能够起到烘托氛围的作用。但是微博上的粉丝不会只是看热闹,他们有评论的权利、转发的权利、推荐的权利,其中有许多人会成为企业的朋友。对这样一类做快消产品的、做时尚产品的、做规模化产品的企业来说,拥有粉丝的数量是至关重要的。

对于做小众产品的、做长尾产品的、做个性产品的企业来说,可以在微博上换个玩法,利用微博平台上的搜索工具、话题工具、群组工具,将投资花在另外的通道上,寻找其精确受众。

> **编辑我要说**
>
> 微博这个产品对中国的互联网意味着什么?有心人会觉得这是一个前行的机会。其实,微博这个东西能够流行,它具有的一个特征就是我国正在进入移动互联网的阶段。

交换关注是门槛

新手刚开始写微博时,粉丝数量都是从零开始的。绝大多数新手都非常想知道,该如何将粉丝数量提升至100位。其实,只要按照下面的几个方法去做,得到你的第一百个粉丝并不是很困难。

首先,作为一个"零粉丝"用户,你必须主动去关注别人,别人才有可能反过来关注你。那么,如何寻找最合适的人来关注呢?最好是找与你最相似的人。因为只有爱好相似、特点相近的人,才会有相同的话题,才会互相关注。

微博提供的标签和搜索功能,是寻找粉丝的重要方法。微博提供的找人搜索一般都可以直接搜索名字、昵称、话题、标签等。例如,你是一个标准的"宅女",想找一找微博上类似的"宅"人有哪些,那你可以直接在微博搜索中,限定搜索"标签",然后搜索"宅"字,就可以看了。

当然,你也可以通过微博搜索,直接搜索你感兴趣的话题,比如搜索"偶像剧",就可以看到有哪些人正在微博中讨论偶像剧。然后,可以从搜索结果中,进入每个微博主的主页,看看他们的昵称、头像、简介和微博,找出其中你最感兴趣的微博主,开始关注他们。如果被关注的人通过微博提醒发现你开始关注他,那么,他们也会反过来阅读你的自我介绍、标签和微博内容,就很有可能因为兴趣相似而成为你的粉丝。

除了搜索和标签功能以外,你也可以利用微博上的人气榜,找出你喜欢的明星、名人,然后看一看都有谁像你一样在关注同一个明星或名人。通过关注对象,也可以找到性格相投的朋友。

其次,你要有意去寻找那些最活跃、最愿意关注别人并与别人交流的微博主。这样的微博主,你关注了他们,他们反过来关注你的可能性才比较大。那么,怎么才能找到这一批活跃的、愿意关注别人的微博?

有一个方法是在热门微博、热门评论中,找那些经常主动评论、主动转发的人。这些人在微博上最活跃。当你关注他们时,他们也很愿意反过来关注你。

另一个方法是,看一下对方的粉丝数量与对方的关注数量之间的关系。假设某个人的粉丝数量是60,但他关注的人的数量是600,那说明这个人是个疯狂寻求关注别人的人。无论他是出于什么目的,他都可能比较容易地成为你的粉丝,有助于你后续扩大粉丝基数。除了这些"狂粉"之外,那些关注他们的59人很可能也是像你一样刚开始找方向的人。你也不妨去关注这59人,尤其是兴趣和你一致的。

当然,利用上面这两种方法找到的粉丝,并不一定是真心喜欢你的微博的人,你也不一定真的喜欢他们的微博。在吸引粉丝的最初阶段,这样通过交换关注得到的粉丝,对你还是有一定价值的,至少可以让你的粉丝数量看上去比较舒服,不会有无人喝彩的感觉,才有利于吸引更多粉丝。但是,当你的粉丝数量增加到一定程度时,如果你还是不喜欢他们的微博,就不妨取消对他们的关注。

当你关注一批人后,你要在微博上多评论他们的发言,别人才有可能注意到你。礼尚往来,在微博上也是这个道理。如果你经常评论一个人的微博,经常夸奖他的语言风趣、内容有价值,那他一定会反过来注意到你,并可能进一步关注你,成为你的粉丝。留言时,不妨多慷慨赞美他们的观点。如果一段时间后,他们还没有关注你,你也可以直接留言请他们关注。

在增加粉丝的初期阶段,保持每天都发几条吸引人的微博。要尽量保持在任何时候,你的更新微博都是有足够吸引力的。反响好的微博可以隔几天再用转发自己并加新评论的方式重复发一次,因为初期来看你微博的人很不固定,新来的人有可能错过以前的精彩内容。

> **编辑我要说**
>
> 只要有好的内容,又有一定数量的第一批粉丝,那么,你的微博就有可能被粉丝们转发和评论,一旦形成滚雪球的效应,你的粉丝就会稳步增长。

让转发和推介踏歌前行

当你的内容够好之后,当你已经吸引到第一批粉丝之后,就可以想办法大规模增加你的粉丝了。这时,要找的就不仅仅是能凑够数量的粉丝,而是真正喜欢你的微博、喜欢你的个性特点的高相关度粉丝。要把你的粉丝数量从100提升到1000,甚至过万,仅仅靠交换关注是不合适的。这时,最有效的方法是,耐心地请那些粉丝众多的微博主,帮你转发和推介你的微博。

找到人气高的、可能帮你推介的微博主后,先准备一条或几条你认为写得很好、足以吸引人目光的微博。然后,可以通过留言或私信的方式直接告诉人气高的微博主,你希望他们帮忙转发和推荐。当然,留言和私信中,不要只是恳求别人推介,而要给别人一个理由。比如"能帮忙转发我的微博吗?我想,我关于IPad未来的分析对你的粉丝可能很有帮助"、"请帮忙转发,我热爱摄影,想通过照片与更多摄影爱好者成为朋友"等。如果不直接留言、私信,那也可以在你的微博或评论中,用"@"提及他们的名字,引起他们的注意。

微博博主不但能花钱揽人气,还可以靠人气赚钱。拥有5万名粉丝的微博转发一条广告信息一般可以获得200元的收入。

随着微博成为当下最流行的社交工具,微博营销也越来越受到重视。一些人气旺的微博有时会转发广告,网友浏览时会不知不觉多看上几眼,这就是微博营销效应。当你的粉丝达到一定量时,不用你去找,商家就会给你发站内信。

有人在网上看到一位要求转发特价图书信息的商家,转发广告的博主粉丝在1000-2000名的,转发一条给1元,5000名粉丝的微博转发一条给2元,同时规定了必须用哪家公司开发的微博。博主发布广告信息后把链接发给商家,经商家核实后汇款给博主。两三天内已有400多位微博博主转发广告,等待商家核实付钱。

据业内人士透露,通过微博赚钱最重要的就是要有足够多的粉丝,而微博粉丝能以商品的形式进行买卖,所以不少人先购买粉丝,成为人气博主后,再与商家合作转发广告赚钱。

一位拥有近万名粉丝的博主表示,不排斥在自己的微博上为一些商家转发广告,但有这么多粉丝关注,在选择转发广告时会慎重,对自己也对粉丝负责。

新浪微博上聚集了大量的明星,能在微博上与自己的偶像进行对话,是许多粉丝梦寐以求的事情。曾经,突然很多明星"大发慈悲",不断转发来自粉丝的问候。不过最后大家突然发现,其实这些转发都是"伪转发",是利用微博转发格式造假,但真的是以假乱真。

大家都知道微博上的veggieg是歌手王菲。昨天,网友"贝贝裸"说了一句:"我爱@veggieg。"没过多久,在"贝贝裸"的页面上,就有了她与veggieg的对话。veggieg转发说:"我也爱你。"而"贝贝裸"再次转发:"嗯。"后来,像这样的情况在新浪微博上不断出现,姚晨、蔡康永等名人,不断热情地跟粉丝说:"我爱你。"

这样的情况,让网友们惊呼尖叫。仔细一看,却未在明星们的页面上看到任何转发的痕迹。记者发现,这是一种"伪转发"。新浪微博的转发格式是这样的:比如"贝贝裸:嗯。//@veggieg:我也爱你",意味着veggieg转发并说:"我爱你。"构成的三个元素是:两个斜杠,超链接形式的"@veggieg"以及冒号。其实这三个元素都可以由"贝贝裸"一手操作,她可以用键盘在转发框内打上"嗯。//@veggieg:我也爱你",便可以对粉丝使出障眼法,让人以为真的是被veggieg转发了。

在新浪微博中要@某人,比如@任志强,如果是接汉字的话,必须在"@任志强"后加空格,否则超链接会包括之后的所有汉字,但是如果是接标点符号的话,则无需加空格。所以如果"伪转发"制造者不注意加空格或者标点,就会造成@的内容错误。

> **编辑我要说**
>
> 你的好朋友、与你有共同话题的人、与你个性相似的人、在微博上与你互动良好的人,或者非常热情愿意帮人做转发和推介的人,都可以成为寻找的对象。

惹怒粉丝不明智

2010年，滨崎自开微博后经常亲自发言，但由于她的粉丝中有各种各样的人，"难免有些发言会令一些粉丝不满意"，这次因为"中学毕业"的话题令A大为光火也是情有可原，毕竟"滨崎不可能顾及每个粉丝的想法和心情"。

日本歌坛天后滨崎步的火爆脾气早为人熟知，近日她在自己的Twitter(微博)上反驳粉丝的暴言一事成为圈内热议的话题。

这名网友A自称是滨崎步的歌迷，在后者的微博直言对偶像的不满："为什么老是'中卒中卒的'，把粉丝们都当傻瓜吗？你是怎么看待这些一直守护你的粉丝的？归根结底，你只是想着如何从粉丝身上得到更多的金钱吧？虽然你超越了(松田)圣子的纪录，但却没有留在日本国民的时代记忆里。请好好反省重新认清自己！"

据了解，A之前在微博上曾多次留言，"除了想表达喜欢你的心情，我似乎不能再说些什么了？除了把你当作女神的粉丝，还有许多粉丝是渴望和你直接对话，交流心灵深处问题的"，"请腾出时间和粉丝沟通"……希望和滨崎步畅谈音乐想法，不过就一直得不到天后的回应。而A指责滨崎步在歌坛地位不如松田圣子后，后者终于忍不住在微博上亲自回复："我个人一点也不介意(你这么说)，只是我知道有许多即使只有中学毕业文凭也依然努力生活的人，尽管我也觉得自己这么说有些失礼，但绝对不是愚弄粉丝，丝毫没有把他们当成傻瓜的意思。"相比A怒火中烧的发言，天后的反驳冷静许多。

随后,滨崎步的其他粉丝开始对 A 进行大规模的反击,在其微博里写入大量不堪入耳的话。也许是受不了粉丝可怕而威力巨大的"群起攻之",A 在滨崎步的微博上发言态度 180 度转弯,表示"你唱了这么多优秀的歌曲,谢谢你!……总之是非常喜欢你。"但其他粉丝并不领情。最后,A 干脆把自己的帐号也注销掉了。

2010 年 11 月,周立波和网友"群战",不雅词频现,其微博关注度也因此骤减 20 万粉丝。周立波声称:"网络是一个泄'私粪'的地方,当'私粪'达到一定量的时候,就会变成'公粪',那么,网络也就是实际意义上的公共厕所!"这场微博"嘴仗"最初就是源自周立波的这条微博,将网民"一网打尽"的这条微博,为波波惹来了麻烦。

之后,一位大学老师谢勇发表了一篇自己观点的文章《周立波没有风格,只剩腔调》,周立波在微博拿此说事。"首先我不知谢勇先生您算何方神圣,但我还是要'谢'谢您的'勇'气,至于您的才气,我可不敢恭维了。"

接下来,周立波的微博再度遭到网友的"群起攻击",而他也嘴不饶人,继续"回敬"。"网上骂娘的那些非主流贱民,在现实中就是天天被人骂娘的可怜虫。""娘是用来孝的,不是用来骂的,除非你不知道你娘是谁。还有,网上骂人者必是现实生活中的被骂者。"周立波后来有一个时间段,每隔十几分钟便发一条微博,回击网友对于自己言论的"反击"和"谩骂"。

对于周立波的连番言论,纵然也有声音力挺,但还是抵不住一片骂声。对于网友的"回骂",周立波依旧不平静地"回击","兄弟,我去过的国家,可能比您知道的国家还多!我用掉和捐掉的钱,可能比您看到的钱还多!我的道德境界仅受您想象力的限制。""我吐出来的比您吃下去的都多,您就慢慢吃吧。"一个下午,一系列敏感的"对骂"在网友和周立波之间"你来我往"。不过,高关注度的"嘴仗"不但没为周立波赢得粉丝,反而流失了关注。

对于周立波的这番微博闹腾,不仅网友们看不过去,一些名人也开始关注,袁腾飞便直言:"提醒周先生,嘲人也是要脑子的,最起码不要嘲别人的时候,误伤到自己。"

编辑我要说

粉丝的情感是脆弱的,不管你是多么牛叉的博主,你都不能轻易得罪粉丝。处于上帝位置的粉丝,是伤不起的。

把握好发微博的时机

微博的用户数量非常大,每天新产生的微博也非常多。对一个微博用户来说,他每天阅读微博时,他所关注的所有人新发布的微博都会出现在时间流中。大多数人通常没有办法读完所有的微博,而是只读那些他们上微博主页后看到的最新的内容。这样一来,发微博的时间就变得很重要。如果要更多的人看到你发的微博,那么,一定要选择最合适的发布时间。

人们每天上网看新鲜事物的时间通常比较趋向于几个集中的时间段,上午 9:30~12:00,下午 3:30~5:30,晚上 8:30~11:30。这几个时间段就是发微博的黄金时段。按照在线用户的活跃程度来排序,一般是晚上活跃用户最多,上午其次,下午会少一些。

当然,工作日和周末的最佳发微博时间大不一样。在工作日,人们朝九晚五上班工作,上午、下午和晚上都有集中上网的时间。周六和周日因为大家要休息,上网看微博的时间相对工作日要少很多,而且分布也不是很有规律。一般来说,周末上午看微博的人少,下午和晚上要多一些。而且,周六看微博的人最少,周日要多很多。如果你写微博需要每周休息一天的话,那选择在周六休息就准没错。

根据微博读者对象的不同,发微博时间也略有差异。比如,如果你写微博主要是给大学生看的,那你也许要考虑到,大学生没有太明显的周末、工作日的规律,周一到周五因为要上课,白天反而上网的时间少,周末上网的时间则最多。所以,发给学生看的微博,可以选择在工作日的晚上或周末的下午、晚上发。

微博内容不同,最佳发微博时间也有不同。例如,如果发的是业界新闻、行业动态,那你最好在上午工作时间发,这时,关心此类内容的办公室职员、白领等人群,多半正在微博上浏览相关信息。如果想发布有关人生感悟、娱乐休闲、家居生活等话题,那最好是在晚饭之后的时段,大家不再因工作而操劳时发出。周五下午,通常可以谈谈周末娱乐方面的话题。周末或假期则可以面向学生发布相关内容。

每逢节假日,微博上的粉丝们往往会关心一些特定的话题,并大规模转发某些特定的内容。例如,圣诞节前后,大家会大规模在微博上互致圣诞问候,并大量转发圣诞相关的笑话、段子、图片、故事。

在情人节期间,那些柔情蜜意的图片、诗篇,有关爱情的格言警句,可以营造氛围的照片、文字都会成为大家转发、追捧的热点。一年之中,学生的寒假、暑假,以及元旦、春节、情人节、清明、母亲节、端午、七夕、中秋、教师节、国庆、圣诞节等,都有不同的微博热点。可以尝试着预先做些准备,比如提前5到10天就准备好一些打算发的内容。如果能在每个节假日多发一些最相关的微博,一定可以收到很好的效果,吸引众多粉丝的关注。

应该注意,有些重要新闻、时事也会改变当天的微博气场。比如说,温州高铁相撞的那天,你就不应该在伤痛的时间发搞笑的微博。如果你看到大家正在讨论重大事件,那就不妨想想,你是否有合适的、有深度的内容可以即时发出。这种实时讨论就像在真实生活里一样,热点过了就很难激发网友的兴趣。

> **编辑我要说**
> 准确地说,所谓发微博的时机,主要以对看微博的人特别是粉丝为中心。作为博主,主要应该是调整和适应。

加粉丝留意新方法

想知道怎样快速增加新浪微博粉丝吗?这肯定是当下所有玩微博的人都非常想知道的,难道这里面果真有什么绝招吗?如今微博越来越火热,微博的一些功能以及一些价值都得到了体现,包括新浪的股票今年因为微博,升了一倍多,都说明微博有很大的价值。一则新闻能通过微博成放射状向外传递,往往能起到令人难以想象的传播效应,这一点大概大家通过前阵某位名人的学历传言,对此已经领略到了微博的杀伤力。

粉丝汇快速增加新浪微博粉丝确实靠的是脑筋,一味地靠加关注再偷偷取消这样的蛮干和小儿科,早就为行家所不齿,而且据说新浪的微博技术已经有针对性地对此类行为掌控和惩罚。

粉丝汇快速增加新浪微博粉丝靠的是玩转应用,不得不说从开始玩微博,就有诸多高手发明了层出不穷的妙招,比如发起活动、赠送礼品搞抽奖等等……不难看出其实粉丝汇快速增加新浪微博粉丝方法很简单,会玩应用,一天做到 1000 粉丝以上一点都不难。

粉丝汇快速增加新浪微博粉丝光登录了还不够。此外,简单地说,粉丝汇快速增加新浪微博粉丝,为的是:赚取粉币。

粉丝汇相当于一个中介,当你关注(粉)一个粉丝汇成员,就可以得到一枚粉币,而每当粉丝汇里的成员关注(粉)你的时候,增加一个关注就会消耗掉一枚粉币,所以,粉币的多少,直接决定了粉丝数量的多少。

赚取粉币的主要方法又有哪些呢?根据粉丝汇的规则,我们每邀请一个好友加入粉丝汇,可获得 10 枚粉币奖励,那么我们也就可以在 QQ、msn 等等诸多聊天签名栏内向好友发送邀请链接,你的朋友可以点击邀请链接也可以直接插入到微博里。

粉丝汇快速增加新浪微博粉丝的诸多手段中,这是最快最直接的方法,不过要提醒大家的是,新浪微博对关注节奏有要求,所以不宜太频繁,否则会被叫停,在一段时间内没法再使用此功能。建议每 24 小时关注量平均分配,总量别超 1000 个为好。

通过这样的推广能让更多人了解到粉丝汇快速增加新浪微博粉丝,也算是做了件对人对己都有帮助的事。

用粉丝汇快速增加新浪微博粉丝,是为帮助各位博友在当下的信息爆炸时代,能快速有效地掌握信息传递的先机,成为信息潮流的引领者,网友可以加油干。

在微博上提升粉丝的活动,几乎都是"只要……就……"的活动,差别只在创意。

可乐娜在纽约的时代广场设了一个巨型电子广告牌,足足有好几层楼高。你不需要买可乐娜,收集瓶盖才能参加活动;也不用是 VIP,只要你加入粉丝,上传一张自己照片到可乐娜的 Facebook 粉丝专页,它就会把照片秀在广告牌上,让你有机会成为广告明星,享受明星般的尊崇。

这种方法确实很聪明,对于很多普通的消费者来说,许多时候被尊重或是受到特别礼遇是一种廉价却非常有效收买人心的方法。

被尊重是一种最基本的需求。如果品牌做到了,整个广告战役也就成功了。

试想一下如果你有幸被抽中去欧洲参加宝马汽车的新车试驾会；或者你被邀请参加电影《变形金刚3》的VIP试映会；甚至你的名字出现在了某个品牌的包装上……你对这些品牌的好感度，是不是会比只是收到手机折价的优惠、电影双人套票或是抽中'再来一罐'更使你欢心？品牌给你被尊重的感觉，你也会回报以忠诚，这就是为什么有些饭店在你住房时，提供印有你姓名的信封、信纸，以某某先生小姐招呼你，这类低成本的服务，却会让你不自觉地自我感觉良好。

> **编辑我要说**
>
> 增加微博粉丝的新方法，其实就是站在粉丝的立场上，考虑粉丝的利益和感受，提升粉丝的参与度。当然，问题的关键就是要有创意。

避免犯一些低级错误

随着微博人气的不断聚集，许多企业及机构也意识到微博平台的巨大营销价值。然而，由于对微博特点把握不准确及经验的缺乏，微博营销经常会进入种种误区。

微博是一个新玩意，导致很多人见识到微博的巨大威力，就会产生盲目心理，认为微博能解决营销传播的所有问题。有的微博控为了夸大微博营销的作用，就宣讲说微博不费时费力，效果还出奇地好。因此也就能够取代其他的营销工具。这实际上是一种误导。因为在整合营销传播的混媒时代，一个营销活动不能够通过某个单一工具就可以完成得很好。

在当下复杂多变的营销环境中，品牌的消费者行为洞察会显得越来越重要，研究潜在客户可能到达的地方，即媒体接触点，随后在各个接触点投放广告，并且尽量与受众进行互动，形成一个巨大的营销包围环境，让用户可能去的各个地方都有企业的营销信息。

企业的微博营销方案应该站在企业的战略高度，以企业的整体营销方案为基本框架，让微博这个营销平台在企业营销战略中发挥积极的作用。需要注意的是，应该让微博营销与企业的整体营销方案相协调，绝对不能孤立地讨论和使用微博营销，更不能让微博营销发出的声音与企业其他渠道营销发出的声音不一致，因为这必然会导致消费者的认知混乱，使得内部的营销活动产生内耗，大大影响营销效果。

需要承认的是，转发量和评论数是微博营销效果衡量的重要指标，如果我们看到某个营销帖子的评论数或转发数非常大，就会觉得这次营销效果不错。

但是也应该客观地看，有时评论数、转发数相当大，效果却也会不尽如人意，甚至出现其营销效果不如想象的那么好的情况。还有不少企业为了追求评论数量和转发数量，经常会在帖子中使用只要关注自己并转发帖子的博友就可以参加抽奖的规则，而且提供足够数量的吸引人的奖品，奖品设置也很单一，大部分就是苹果 iPhone 或 iPad。

这主要有两方面的原因。一方面会出现很多无效转发和垃圾评论，制造虚假的繁荣，尤其是那些抽奖专业户或马甲账号。例如，有些企业通常会将微博营销的业务外包给微博营销中介公司，但是这些外包公司，不会实打实去做营销效果，而是去给效果掺水，采用了大量的水军账号。这些无效账号的特点是粉丝数量相当少(甚至为 0)，显然它们的存在对微博营销的积极贡献相当小，却在表面数量上贡献特别大，甚至会恶化整个的微博营销环境。

另一方面，即使数量是实打实的，但是也要看其评论和转发的质量。主要是指评论中有价值的评论有多少，也包括转发中高质量账号(如带 V

的用户、相对专业的用户或粉丝数量较多的用户)有多少,如果这两个数据都很低,那么整个营销的效果也会有折扣。

任何营销工具都有其适用性,这种适用性取决于产品和行业特性。可能有些专家会说,微博客是个实用的、无往不利的营销工具,这种极为有效的营销工具,让你不论在哪类企业,销售什么样的产品,都能发挥重大的支持作用。其实这里有认识上的误区。世界上没有哪个工具是适合任何企业的任何产品。

应该如何做?首先要了解企业及相关产品的特点,对其产品定位及主要潜在客户的特点有一个深入的了解。起码这些产品的直接潜在客户或间接潜在客户要在微博中有一定数量,否则,你的营销活动就找错了地方,而应该找微博以外的工具为主。

> **编辑我要说**
>
> 很多人以为,微博很容易用,微博营销效果是立竿见影。如果真正体验过微博的人,马上会想到这不是实际情况。

控制一下发微博的频率

如果你每天开电脑第一件事就是上微博,每天发微博10条以上,至少上1-3次,经常无缘由地反复刷新微博,每天持续微博6小时,时长3个月,那你就要注意了,你已被初步诊断为微博成瘾,患上微博强迫症,用另一个时髦的头衔来说,你是"微博控"。

2月9日,钱江晚报刊发《赶路上班,开车不能太心急 昨天,高速公路上的麻烦有点多》的报道,其中一个事故"货车压顶,还好小车里的人没事",里面提到轿车遇车祸严重变形,就在这个时候,被卡住的一人还不忘用手机拍照后发一篇微博:"居然碰到车祸……我被夹在大卡车下面出不来了……"

围观网友们都在他这条状态后留下了"膜拜""淡定!"的留言,称他是"2011第一淡定哥",也有人觉得应该叫状态帝:"名副其实的状态帝!都这样还不忘更新……"这位网友的同行好友"卢之也"则建了一个名为"车祸了"的相册上传了自己拍摄的车祸现场图片,图片里显示一辆货车整个压在了一辆红色雪佛兰轿车上,雪佛兰已经严重变形。该相册的描述里说:"我出车祸的一些照片。很惨。我们没事。对方在医院。了解了一下应该是轻伤,不会很严重。发这些照片为了告诉大家开车一定要小心,要注意交通安全,车速不要过快,不要掉以轻心,不要抱着侥幸心理,有状况一定先踩刹车,一定要冷静,一定要淡定。遇到车祸先熄火,可以动的马上想办法离开车再报警。报警的时候一定要冷静地说出自己的位置,在高速公路上说清楚哪个方向。要在出事车后一段距离外放置警示牌,避免再次追尾。"有了事故现场照,让网友更惊叹:"这种事故里,还不忘更新……"

2月14日,新浪微博网友"渐渐"回复粉丝时说:"我要改变自己,再也不能受微博控制了!"此前,在最近微博上流行的"最粉丝"测试中,"渐渐"至少是其微博上10位好友的"最粉丝"。

"渐渐"在接受记者采访时表示,现在身边的每个人都是"微博控"。她说,有一次朋友聚餐,5个人围坐在饭桌前。上来一道菜之后,一个人拿出手机拍照上传至微博,其他人见状,像被传染似的开始"围"起来,纷纷转发这条微博。5个同场吃饭的朋友突然就安静地不说话了,用微博交流起来,还不停地哈哈大笑。"现在想起来,真是不可思议。"

9:10,"窗帘没拉好,被阳光叫醒,又是晴好天,周末愉快哟!"10:35,"中午想吃火锅,有响应的吗?……"

24岁的曹小姐昨天一天更新了6条微博,对她来说,这并不算多,从

2010年6月开通新浪微博至今,她已经发了3000多条,最多时一天甚至发30多条。"我就是爱晒,随便什么都想往微博上发,还要图文并茂,我喜欢这样展示自己。"曹小姐说。

曹小姐目前已经有了600多名粉丝,几乎全都是陌生人!这让她特别得意,"我现在一天不上就难受,早上一睁眼,赶紧摸手机刷新微博,半夜起来上厕所还要看一次。"微博几乎把她的空余时间占得满满的。

调查发现,因粉丝数量增加导致离不开微博的网友很多,这部分博友几乎都会把自己的事情与粉丝分享,以期成为大家关注的焦点。

任何一种网络行为都需要把握一个度。应该培养多方面的兴趣爱好,合理安排时间,既要"走出去",也要"沉下来"。

学生也信赖甚至依赖粉丝

在微博开店,生意好不好关键得靠啥?"粉丝啊!"黄军不假思索地给出答案。

"开了店总得让人看到,最好是能把目标消费群一网打尽,全都来'粉'你。"黄军说。作为一名普通的在校学生,他积累粉丝的诀窍是"主动出击,先粉别人"。

刚注册微博时,黄军就按学校名称进行一通狂搜,一下子关注了近300名自己学校的同学,他的小小咖啡摆明只做同学生意,同学就是他的"上帝"。被主动"粉"了的同学本着礼尚往来的原则一般都会"回粉",这样鱼儿就算上了钩。

上钩只是第一步,还得保证他们不脱钩。怎么留住粉丝可是个技术活,总的来说就是得让粉丝觉得这个微博有看头,是个内涵博。作为一名资深微博控,黄军对此挺有发言权:"除了发咖啡的相关知识,我还转发名人热博、生活小常识、趣图,也分享一些自己的生活感悟。"靠着用心的经营,他的粉丝数始终处于稳定增长中。

有了足够的粉丝,最终还得想办法把粉丝转化成顾客。于是,贴咖啡美图、分享关于咖啡的小典故,成了黄军每天都要做的事。

"很多朋友在喝 Latte(拿铁)的时候都会抱怨说很淡,不浓。事实如此,Latte 是一款轻松的咖啡,更多的是欣赏 Latte 的牛奶香。在意大利,Latte 不是一款咖啡,而是一款'咖啡味的牛奶'。所以静下心品尝,你也能喝到 Latte 的柔情。"

"咖啡最重要的不是咖啡豆有多高级,不是奶选用有多上乘,也不是咖啡师技艺有多高。最重要是做咖啡的人的心情,与喝咖啡的心情。即使是 Espresso(用蒸汽加压煮出的浓咖啡)也能喝出焦糖的甘甜。"

这些透着诗意的文字,成了黄军俘获粉丝心灵的秘密武器。"因为微博并不是专门的购物平台,太硬的广告会引起粉丝反感。"在他的微博中,没有刺眼的价格,一般就是几个字的咖啡名称配着一张新鲜咖啡的特写照,十分契合微博分享的气质。

"第一天就收到9条私信来订咖啡,可高兴坏了,但之后几天稍微差了点。"黄军说起自己的创业经历还挺乐观,"刚开始做,名气还没打出来,相信慢慢会好起来的。"现在,小黄每天早上起床第一件事就是登微博,一见有私信来了就特兴奋。

和黄军相比,长沙民政职业技术学院的刘刚显然没有把握好微博沟通的特点。在他的微博潮包店页面上,充斥着一条条硬邦邦的女包广告,其他的交流互动一样没有。结果自然效果不佳,发的微博乏人问津,评论数、转发数几乎都是零,也没有买家顺着微博去他淘宝店买包。所以虽然他的粉丝数破两万人,但没转化成购买力也是白搭。

开店自然是为了赚钱,在微博开店当然也不例外。但除了赚钱,跟微博粉丝的沟通和互动,也给这些大学生店主的生活带来了别样的温暖和快乐。

前段时间,黄军想为小店设计个Logo,他想好了思路——从一个咖啡杯里冒出一只小猫,以怀念陪伴他喝上人生的第一杯咖啡的那只白色小家猫。可黄军不会电脑绘图,于是便用铅笔画了个草图贴在微博里求助,信息发出去没多久,有个"互粉"学设计的师兄便仗义地帮他做好了图案,让他喜出望外。

单词背烦了、吃到了一个烂苹果,每每遇到生活中的这些小烦恼,黄军便习惯发条微博来排遣,从粉丝那儿找安慰。而他的粉丝也很"给力",几乎没有一次让他失望过。慢慢地,小黄一天中除了睡觉,其余时间都在微博上挂着,一半是为了生意,一半是不想错过和粉丝的每一次互动。有时候没生意了,他会发个小牢骚,织条围脖让大家快来捧场,粉丝们便会及时地发来各种安慰,或是用实际行动给予支持。

编辑我要说

吸引粉丝关注、留住忠诚粉丝的一个非常重要的方法,是在微博平台上,经常保持和粉丝、网友之间的有效互动。

第四章

微博营销正勃勃兴起

随着微博的火热,便催生了有关的营销方式,这就是微博营销。每一个人都可以在新浪、腾讯等网站注册一个微博,然后择机更新自己的微型博客。每天通过更新的内容可以跟粉丝交流,或者引起粉丝所感兴趣的话题,这样就可以达到营销的目的,这样的营销方式就是新兴的微博营销。

微博营销是这样的

如果仅仅依靠QQ/MSN等即时沟通工具,人们处理人际关系数量仅仅只能维护数百人的级别,而微博则不同:在微博中要拥有成千上万,甚至上百万的粉丝,并不是一件很困难的事情。这一人际关系网络处理起来也并非难事,只要搜索、输入就能实现关系的互动与维护。

如何精确地定义微博营销?这的确是个好问题。如果你学过传统营销,肯定了解4P的营销理念:营销无非是开发出一个product(产品),确定价格(price),然后投放(place)到市场,进行推广(promote)。

不过现在微博营销的模式更依赖于4C的营销理念。四者的组合构成了微博营销的定义。微博营销就是指在一个特定语境中发布大量相关的、知识性的内容,用户通过内容来与自己喜欢的事物(人或者品牌)建立深度联系并形成相应的共同社区。

微博营销的特点与微博这一平台密切相关,微博是手机短信、社交网站、博客和IM等四大产品优点的集大成者。不管是内容展现,还是信息发布;是传播速度,还是影响深度,微博营销都体现出无可比拟的优越性。

微博用户的好奇心很大,关注新鲜、新奇的事物。因此对于企业而言,具备创新性、新闻感的品牌话题,更具有传播的受众基础。

有研究发现,"70后"和"80后"在微博上的表现大不相同。"70后"好为人师,喜欢说教,剖析深刻的社会问题;"80后"对微博话题的参与程度和活跃程度较高。"70后"微博用户视家人尤其珍贵,同事、朋友已成为

"我"生命成就的组成部分,客户亦是不时联络、加以维护的职业伴侣。对于"80后"而言,同事、朋友是拥趸者,家人和陌生人亦是微博的主力成员,时刻还得关注他人,结交新朋友。

微博用户更关注科技数码、家电产品、食品、服装、汽车等产品。这些行业的品牌可以大胆使用微博营销,让人们在微博空间中引发对品牌的讨论,从而实现品牌信息的传播。有调查显示,在微博中,超过6成的人曾在微博上追随过品牌,当这些人看到这个品牌有新的信息时,会转发和关注,另外他们会将品牌纳入自己的日常关注内容,会参与这个品牌的活动。

微博还能作为企业的销售渠道,通过微博这种基于信任的平台,企业大张旗鼓地进行各种花样翻新的网络促销活动。微博的即时性让其沟通属性发挥了巨大的作用,微博客服成为很多企业纷纷招聘的职位。微博功能还有很多,当我们利用其中的一个特性发散其功能应用的时候,你会发现,微博营销有着巨大的想象力。

未来几年,将有越来越多的企业加入到微博营销的大营中来,微博营销以自媒体为传播原点,能帮助企业在品牌曝光到互动体验,甚至消费购买等企业营销的全过程中发挥至关重要的作用。微博对于品牌曝光的巨大作用,体现在企业通过聚合大量微博粉丝,并通过不断地转发、评论等功能,实现几何级的品牌曝光。

编辑我要说

如果个人或企业能够充分利用微博营销,不管是在销售上的表现,还是用户忠诚度的表现,都将有一个巨大的提升。

微博营销的本质

在社会化媒体营销阶段以前,尽管我们发布信息的技术越来越先进,内容的编辑越来越有可读性,视频比一般的信息发布更加华丽诱人,但它们呈现的形式都是单向的,信息的传播是灌输式的方法,受众是不能参与讨论的。

对于企业而言,通过这种互动,企业和用户之间多了一个阶层,这个阶层在网络上有不同的叫法,有的叫粉丝,有的叫粘性客户,有的叫传播大使,有的叫意见领袖。他们的称呼也许以后会统一,但是这个阶层的人有一种特殊的使命,即他们是企业和客户之间的桥梁和枢纽,他们向广大的客户传递企业和品牌的文化,同时也向企业传递客户的意见和需求,这个特殊的阶层是在互动的过程中培养起来的。

许多企业都懂得,一个企业的生命是与其客户的交流密切相关的,因为企业必须了解客户在想什么、需要什么。在互联网时代以前,有的企业会用赠送小样的办法来增强与客户的联系,有的企业用发展VIP用户并以积分的方法增加和客户的密切度,有的企业靠有奖问答的方法在马路上拦住路人填写表格。但是有了微博,对话的互动要比以前任何一种联系客户的方法都直接和方便。

如果对话的内容足以吸引客户,客户就会以个人的情感参与对话,在双方互动的对话中体验愉悦。这种愉悦的情感不仅仅是身心愉悦,而且会有被尊重的感觉。如果参与这种对话的企业方是有名有姓的员工,客户一方就会增加私密的感觉,以自己对企业和产品比别人有更多的了解而自豪。这种自豪感会让他们帮助企业去做口碑传播的事情,这就是粉丝的力量,也是为什么在微博这个平台上会出现如此多粉丝的原因。

在微博上,已经有一批企业在做有程序的工作,他们通过对话培养粉丝,这是第一步。接下来,他们在粉丝中发现意见领袖,创造条件帮助粉丝组建粉丝团队。有的企业还有意识地让粉丝中的活跃者参观工厂或公司,让他们长期关注企业,或者让他们成为首批新产品的免费体验者。还有的企业鼓励粉丝说出自己的资源,企业和粉丝之间开展资源的互补合作。这一切,都表现了一些企业在洞察微博本质上的先知先觉。

但是,更多的企业对微博上因为互动引发的一系列成果还不甚了解。他们认为,在微博上做营销依然是发发消息或者发发广告,这类想法其实仍没有脱离在社区上或者在博客上发文章的模式,他们还没有真正体验到微博营销的微妙和愉快。微博以互动和即时成为自身的主要特点;同时,到目前为止社会化营销的其他特点也都在这个平台上共舞了。

在微博上组织营销,对中小企业来讲是一个绝好的机会。在互联网时代,企业的品牌行为已经有了变化,品牌和受众之间已经不再是俯视和仰视的关系,企业依靠资金来争取话语权的门槛已经降低,小企业通过网络推广获得精确受众的例子比比皆是,证明了企业完全可以通过互联网的快速、低成本、口碑传播,特别是互动的特点,来扩大自己的影响和受关注度。

企业究竟在微博上适合发布什么内容?大家都在做试验,现在的内容包括有奖活动、促销信息、新产品通知、公司活动、特色服务、企业文化、知识问答、话题讨论、媒体报道等。这里的难度是如何避免对非目标受众的骚扰,让目标受众适得所需。企业在开始微博营销以后,在内容上需要遵循的原则是:不做赤裸裸的产品广告;增加信息的可读性;为精准受众开辟专门信息发布通道。

微博是社会化营销的第一工具、第一平台,它的目标是扩大和客户互动的范围,主要途径就是在海量受众中通过话题、活动、对话等形式争取粉丝,利用群组或者QQ群培养活跃粉丝,通过粉丝群体在营销过程中发挥再度传播作用。

目前微博营销的高潮尚未到来,企业应该先入为主,鼓励员工和合作伙伴参与,同时聘请培训师做系统培训。

个人终于能与机构博弈了

其实随着微博用户基数的不断增多,作为一种自媒体的微博影响力不容低估。只要积累了足够量的粉丝,就能成为一个具有营销价值的媒体。同时,我们也看到,微博的兴起也为个人品牌的崛起提供了有利条件。个人品牌、自媒体的力量越来越强大,甚至都能与电视台相提并论。

个人品牌无外乎两个方面:知名度和美誉度。以这两个方面为基石,形成你的个人形象、影响力等个人品牌的重要指标。

微博上的知名度,主要体现在你的粉丝数量上。上一章节,我们用大量的篇幅阐述了如何增加粉丝数量的方法,这里就不再赘述。微博上的美誉度,其实主要体现在个人的言行举止上。说话的语气、情绪化的口语、对某个现象的理解与评价,都显示出个人的价值取向、层次高低。这些都直接影响了个人品牌的美誉度。

在微博上，由于每个人可以发表对某个现象的评论；也可以将关于自己的小新闻(状态更新)公布给自己的粉丝。粉丝们通过微博来对你的个人作出评价，同时对你的各种微博作出回应，或转发，或评论。慢慢地，个人就在微博的某个圈子里有了一定的知名度和美誉度，个人品牌的雏形就有了。

个人品牌超越公司品牌，这句话出自创新工场董事长兼首席执行官李开复。他认为，以下三个因素导致微博时代个人品牌比公司品牌更强势：

第一，企业官方微博是官方发言，由公关部门维护；而个人微博更具有个人特点而且真实。

第二，企业微博发言谨慎单一而且被包装；而个人微博言论相对随性、多元化。

第三，企业微博抱着太强的功利性，纯粹为了推广公司；而个人微博则为了表现自己思想，增加个人影响力。

这三个原因分别评价了企业微博相比个人微博的种种劣势，以此来说明个人品牌将异军突起。腾讯微博网友张砷镓表达了类似的看法。他认为，微博时代的个人品牌将超越公司品牌还因为：1.人们更欢迎时事评论、生活感悟等对自己有益的信息，而这些是公司微博不可能提供的；2.人们关注活生生的、自己欣赏的人，除了某公司的铁杆粉丝外，戴着面具的公司微博难以吸引关注；3.人们更喜欢容易坚守价值观的个人微博，而抗拒价值观容易颠覆的公司。

很多朋友可能不理解：个人品牌的崛起与个人赚钱之间能有什么样的联系？在这里我们需要对这一问题稍微解释一下。我们这里所讲的个人品牌的概念，其实类似于自媒体的概念，只不过个人品牌是以塑造个人形象为中心，而自媒体是从传播的角度来看的。

自古以来，我们都有一个"名利"的概念，有的人做事情是"留名"，文天祥的"留取丹心照汗青"就是这种价值观；有的人做事情则是为了取利，正所谓"天下熙熙，皆为利来；天下攘攘，皆为利往"。"名利"这两个价值取向，本身就有着千丝万缕的关系。

接着，回到个人品牌与生意的关系。其实简单来看，个人品牌是一种宝贵的资产,它吸引了大量的粉丝,并且对粉丝的某些行为态度产生一定的影响。这就是影响力的资源。而在商业社会中,这种影响力资源是完全能够变现的。

在微博时代,个人品牌的崛起为很多个人带来了赚钱的机会。个人品牌所具有的五种赚钱模式:即潘石屹式的商界领袖模式、电视台的媒体模式、易中天式的专家模式、杜拉拉式的职场人模式、姚晨式的明星模式。

无数鲜活的故事都在表明,微博加速了个人品牌在互联网上的确立。

在微博营销的背景下,建立个人品牌的年代正在到来。社会化媒体让个人品牌的打造更加便捷,也让个人品牌的毁灭更加迅速。

商界精英的微博情结

在"学历门"事件没有出现之前,唐骏有一个辉煌的光环:"打工皇帝。"然而,皇帝有时候并不好当,"皇帝的新装"这场戏恰好发生在了唐骏的身上。对一般人来说,伪造学历的事情可大可小,然而皇帝的事情再小也是大事。"打工皇帝"遇到了微博,没想到一粒细沙绊倒了伟岸的皇帝。皇帝的光环逐渐暗淡,但是有个匹诺曹叫唐骏。

企业领袖是企业品牌的人格化体现,他们的一举一动都牵连着企业的股价、形象甚至产品的销售。现在，企业家玩微博已经是企业家塑造个人品牌的重要途径。他们的赚钱模式或者说赢利模式是怎样的呢？

一是对企业家个人来说，企业家个人的品牌，能为自己各方面增值，不仅仅为今后的事业长远发展铺路，更能够成为一个人人争相聘请的明星CEO；二是企业家个人的品牌塑造得足够好，对于企业的赢利是有百利无一害的，比如他的个人品牌影响力能够增强股东对企业的投资信心，保持股价稳定上升；比如他还可以将自己的品牌形象灌注到企业品牌、产品品牌上，更加容易招募经销商，增加产品的销售，实现赢利。

以个人为核心的微博，能够从多个角度丰富、凸显个人品牌，成为企业家品牌是否具备长久生命力的关键。微博时代，商业领袖应该需要注意哪些问题？如何塑造自己的个人形象呢？

人是一种有理性的动物，他们的思维和行为丰富多变；商业领袖也一样，而微博的即时性、随意性以及个性化等特点为商业领袖们的在线行为打上标签。一个具有影响力和公信力的商业领袖品牌，往往包含以下四个方面：真实身份、专业知识、表达能力和道德品质。了解这四个方面，可以帮助你更深刻理解商业领袖们的微博赚钱模式。

首先，真实身份是商业领袖品牌的最基本要素，这也是构建社交关系的基础。国内很多微博都有认证，也就是要求用户只有一个真实身份。商业领袖要想获得对"追随者"的号召力，必须基于这个真实身份，才能对个人的社交关系进行定位。腾讯网络媒体产品技术部总经理邢宏宇认为，真实身份更有利于个人信息的发布和传播。通过收听、互动、是否有充分资料、是否经过认证、收听他（她）的听众是否有质量，都能有助商业领袖个人品牌的构建。

其实，互联网上的真实身份，还不能缔造一个完整的商业领袖个人品牌。在个人的真实身份之上，更重要的元素是人们在互联网上表现出来的专业知识。很多商业领袖是当今时代的领袖，他们在时间的历练中，得到了丰富的人生经验和各种知识，这些专业知识成为商业领袖形成号召力的重要组成部分。现在社会上出现很多创业导师，比如李开复、俞敏洪等等，这种创业导师现象，其实就是商业领袖的知识能力的最好体现。

有一句歇后语叫:"茶壶里煮饺子,有嘴倒(道)不出。"说的是那些脑子里有想法,但是不懂得表达自己想法的人。微博时代,作为内容制造者的商业领袖,即便拥有在专业领域的知识能力,还需要有很好的表达能力。这才能向外传递出个人品牌的形象。

> **编辑我要说**
>
> 商业领袖们同样会为涨了几块钱的油价牢骚,同样也会时而像孩子一样娱乐。当然他们也会拼粉丝、争评论、玩幽默,而背后显露的似乎正是他们的真性情。

微博营销可以成为专家

虽然现在专家一词已经不再具有过往那种权威性,甚至已经被网友解读成专门拍砖的"砖家"。但是正所谓,360行,行行出状元。在这个波诡云谲的时代,人们依然需要专家来指导自己的生活和工作。因此,个人成为专家成为很多人奋发进取的动力。

微博时代到来之后,专家的成名路径、个人专业品牌的塑造方法以及他们的赚钱模式都发生了变化。通过阅读本节内容,你会发现原来专家是这样赚钱的。同时,你还会觉得,自己也会成为某个领域的专家。

唐兴通认识到社会化媒体必将是今后营销的重要方向,于是他凭借自己出色的英文优势,试图将社会化媒体营销的概念引入中国,并形成一个实战型的小学科体系,争取成为一个领域的意见领袖。

凭借在新浪博客和微博上的努力,发表了相当多的极富见地的文章,同时也积累了相当多的粉丝,每天定期看他发的微博,为自己充电。是的,他成功了。

出书、演讲、培训,为媒体写专栏等成为他的赚钱之道,并且通过这些途径他也成功塑造了自己的个人专家品牌。

与唐兴通的路数相同,知名媒体人程苓峰创立了科技博客站点"云科技",他希望能探索出一条独立内容创造者的路径,用博客塑造的个人品牌,以意见领袖的形象实现个人价值。为了做出有品质的内容,他每天的时间表都非常规律:早上起床后,例行地看国外网站,寻找信息,并且根据平常的采访素材写稿;下午出去和业界朋友交流或者采访。在苦心耕耘了3个月后,云科技每天的独立访问量接近1000。为了建立云科技的影响力,程苓峰在Facebook、Twitter和LinkedIn上都建立了云科技的账号进行推广。经过一年左右的辛勤耕耘,云科技每天的独立访问量超过了3000,订阅数也有数百,但这点儿流量相比于任何一个门户的科技频道或者垂直网站都如沧海一粟。

于是,以评论见长、实战应用性不强的程苓峰重新回归到办公室,成为了腾讯科技的主编,完成了个人在职业上的一次进阶。云科技从主业变成了业余时间的副业,更新时间几乎是一周一次甚至一个月一次。

就在云科技博客逐渐式微之际,微博出现了。由于微博的最大特点是以人为中心,每个人都可以按照需求订制自己所需的内容,并且表达自己对某件事情的观点,形成一个个丰富的个性化主页。回到职场的程苓峰将主要精力转移到微博的发布上,不仅仅发布个人对业界的观察和数据,他的工作也是率领腾讯科技的团队实时将业界的最新信息发布在微博上。

应该说,唐兴通和程苓峰的探索应该是个人专家从博客时代向社交网络转型的过程中,建立更具影响力的个人品牌的一个缩影。在社交网络和社会化媒体兴起之前,人们要树立在某个领域的影响力或者发表专业见解,通常是通过博客表达自己的观点,或者在媒体上撰写文章或专栏,这些内容与最终的内容消费者见面时,往往要经历多层传播渠道才能抵达最终阅读者——即内容消费者的眼前。即便是博客能缩短内容制造——传播的价值链，内容制造者和内容消费者的互动性却不强。比如易凯资本有限公司CEO王冉是财经界的知名博主和意见领袖，在2006年他的博客就已经突破百万大关，被誉为投行界第一博客。但是现在，王冉将"主战场"挪到了新浪微博上，目前他的粉丝超过了53万，帖子的平均转发数超过100次。

如果说电子商务压缩了商品制造到消费者之间的价值链，那么，这一转变正发生在社交网络上。现在，以微博为代表的社会化媒体正在急剧压缩内容制造——传播的价值链，内容制造者们以前所未有的方式和内容的最终消费者互动，而社交网络的属性，通过人际关系将优质内容的影响力以几何级放大，这加速了个人品牌的确立。

> **编辑我要说**
>
> 无论在哪个行业，都有很多术业有专攻的人。他们通过帮助别人成功实现成功。这种人古代叫运筹帷幄的谋士，现代被称为专家。

明星微博的营销模式

是明星成就了微博，还是微博造就了明星？这是一个鸡生蛋与蛋生鸡的无聊问题。两者之间的互生关系使得微博借助明星火了，明星借助微博红了。你火了,我红了,大家之间双赢了。

人人都想成为明星,因为明星来钱太快了。商业演出中,一个小时的出场费就可能是某些白领一年的收入还多;甚至很多二三线的明星,轻轻松松上一个谈话性节目就已经赚足了几万元。所以很多人不惜一切代价,削尖脑袋都想去做明星。

明星在成名之后,最大的有利资源就是粉丝的眼球,如何让这些关注度变现?如何深度挖掘这些关注背后的价值?其实纵观明星的赚钱模式,无外乎分为两种:一种是争取到广告代言,或者出席某个新品发布会,让广告主掏腰包;另一种是向粉丝收费,比如演唱会门票、图书签售会,等等。

微博上,能赚钱的明星可以分为两类:一类是像姚晨这样,在传统媒体已经获得很大知名度的明星,通过微博上各种手段进一步提升自己的知名度;另一类是草根微博,通过微博平台或者网络平台成名的明星,比如"后宫优雅"。

明星总是会在自己的微博中对粉丝们道早安、晚安,甚至时时汇报行踪、工作、生活,当然是绝对的正面、阳光形象。而"早安"、"晚安"消息后一定会跟上新的工作动态。吴佩慈、汪东城等帅哥美女都是这方面的高手。一些明星则选择在微博中抬高他们的品位,发表富有哲理的人生感悟。陈坤最近在微博中提到了自己解约老东家后的闲适生活,并发布生活感悟。

明星之间互相在微博中留言、转发,已经成了明星好友帮做宣传的一种默契,当然不怕麻烦的明星们也愿意逐条回复粉丝的留言,以增加互动和曝光率。李小璐的爱犬染病去世,甘薇、杨幂等人都纷纷留言;过生日的那英更是放上了天后王菲送给她的麻将蛋糕。

明星在微博上"开炮",不管炮打何人,都是新闻媒体的好"料"。其实"开炮"往往是醉翁之意不在酒。金马奖后冯小刚为爱妻抱不平,不是冯小刚心眼小,而是他心眼多。《非诚勿扰 2》、《赵氏孤儿》、《让子弹飞》在贺岁档挤作一团,葛优一个人演了三部电影,找他宣传乏力,冯小刚当然得亲自上阵。周立波在网上与粉丝对骂,中间却夹着自己的演出资讯。

增加票房有个赚钱的法子,很多人削尖脑袋往里钻,大把大把挣钱,几十万,几百万,甚至几千万,挣得挺容易,几乎不费吹灰之力。很多群众只好干瞪着眼,心生妒忌,一点办法没有。

姚晨被称为微博女王,按理说,她不漂亮,也非性感,演技并非十分出众,咋会有那么多人喜欢?截止到2011年4月,姚晨已经拥有超过900万粉丝,牢牢稳居微博榜首。姚晨能够成为微博女王的原因如下:

其一,开博很早。姚晨第一篇微博写于2009年9月1日。当时,新浪微博刚刚起步,需要一些名人为其撑门面,壮声威。姚晨成了演艺明星中第一个吃螃蟹者。其他明星,或不屑,或不懂,或顾不上,开博远在其后,自然不像"第一个"那样出尽风头,抢占先机。

其二,文风清新。姚晨写博,比较随意,非常生动。每天如何生活,怎么上班,碰到什么趣事,遇见哪些烦恼,都写上去;而且,口气非常随和,不矫揉,不做作,嘻嘻哈哈,没心没肺,嬉笑怒骂,率性真诚。这就很容易与读者心灵沟通,一下就拉近了距离。

其三,更新较快。自2009年9月开博,迄今姚晨已发微博5000余篇,平均每月发稿约200篇,相当于每天6篇多。如此频繁地将自己行踪及所思所想,及时与网民沟通,比起那些三天打鱼两天晒网者,自然更会受到网民喜欢。

其四,马太效应。富的会更富,强大的会更强大,这就是马太效应,这在网络界更加明显。

编辑我要说

微博对于明星来说,是天然扩大自己知名度、维持粉丝忠诚度的有效工具。大批明星在传统媒体上,比如电影明星、电视明星、歌星等进驻微博,实现明星价值的提升。

小虾米的苦乐得失

话说微博这东西虽然兴起的时间不长,但是已经很得人心了。其应用范围之广,恐怕连最初发明微博技术的人都没有想到:你看有人用来聊天,有人用来传情,有人用来炫富,有人用来人肉,有人用来咆哮,有人用来骂城管,有人用来自杀直播,有人用来发布私奔消息,有人用来和小三讨论定哪里的宾馆,当然也有人用微博赚钱——对,没错,很多人是用微博来赚钱的。

微博为什么赚钱?微博怎么能赚钱?微博怎么赚钱?微博怎么不能赚钱?粉丝就是钱。在微博商界,客户给钱的多少都是根据你的粉丝数量来定的。你微博上的粉丝数量,就决定着你是"不入流",还是个"腕":假设你在微博上发一条广告,在你的粉丝分别为 1 人、10 人和 10000 人的不同情况下,你的广告起到的作用肯定也会完全不同。而商家看中的正是这一点。如果你的微博拥有 10 万粉丝,不用你去找,自然会有商家找上你,那时候,你就是个随时发送的广告站。

一般做微博做得好的人都知道,10 万以上的粉丝才能"接活儿",也就是转发广告,一般一条不带链接的广告是 150 元左右;如果你们的粉丝超过了 100 万,那么恭喜你,每转发一条链接的价格已经在 1000 以上了,这些都是行内价。许多新书推荐、淘宝的网购等都喜欢用这样的方式,特别是有链接的,效果是非常地明显。有网友曾经和一个业内挺知名的出版公司合作,他们只要一出新书就每周给他推一次链接,出版社发现,只要一推链接,当天的销量最少会增加10倍以上。

微博除了能链接广告赚钱以外,还有一些衍生的赚钱方式,就是帮人刷粉丝。之前我已经介绍过了,粉丝就是钱,一般刷粉丝的价格是200块钱一万个。操作"刷粉"的人一开始会比较辛苦,因为要申请很多小号,当然也有几个人联合起来一起做的。比如你申请5000个小号,我再申请5000个小号,我们一起去给一个博客加粉,加完以后赚的钱平分。别看这样赚钱好像看起来很辛苦,其实只要申请完这些小号以后就可以一劳永逸。每个小号都可以关注很多人,无非就是关注的时候要连续登录比较麻烦。

这样的小号一开始的时候都是"僵尸粉"。所谓"僵尸粉"就是指关注人没头像、不发言的,一旦被发现很快就会被河蟹掉。但上有政策、下有对策,"刷粉"的人也越来越聪明,都上传了头像,偶尔会发一两条微博,谁也看不出来哪个是"僵尸粉"了。

微博赚钱其实不难。总结一下微博赚钱的经验,其实说白了就是四个字——我云人云。打个不太恰当的比喻:"三人成虎"的故事很多人都知道,如果一个人说闹市出现老虎,谁都不会相信;如果两个人说闹市有老虎,有人就会怀疑;如果三个人,或者所有人都说闹市有老虎,那人们就会相信了——这就是舆论的影响力。

其实微博赚钱与"三人成虎"有异曲同工之处:如果我有一位粉丝,那么我的消息可能会被他告诉别人;如果我有百位粉丝,那么我的消息可能会被更多的人传递;如果我有十万粉丝,那么传递我消息的人就会更多。

利用微博吸引大量关注(粉丝),再与商家合作,以所拥有粉丝为目标客户进行广告宣传,收取一定广告费。这与网站追求点击率,广播电视媒体追求收听(视)率,从而网站上、节目中插入广告宣传,向商家收取广告费的盈利模式在本质上是一样的,影响其能否盈利以及盈利多少的关键点就在于粉丝/观众的数量。关注(粉丝)越多,博客也就越有价值,不同基数的粉丝所带来的广告收益差别很大。

10万以上粉丝广告价值150元左右;一百万以上粉丝广告价值1000元以上。这其实就是我们在网络经济学中经常所讲的梅特卡夫法则(MetcalfeLaw),即网络价值以用户数量的平方的速度增长;具体来说就是网络经济的价值等于网络节点数的平方,网络产生和带来的效益将随着网络用户的增加而呈指数形式增长。

> **编辑我要说**
>
> 在时下好的工作机会少之又少的情况下,拥有了微博技能,就相当于一本通行的职业护照,凭着它可以四处跳槽,满足自己的成就感。

开发程序把握赚钱机会

微博作为媒体能为个人带来丰厚的广告收入,还有其他无形的财富,比如实现个人价值、提升个人品牌形象,等等。其实,除了以上三种主流的赚钱模式,个人还可以在微博上通过边缘服务、抢占资源等方式来赚钱。

微博的第三方应用,主要是指基于微博系统开放的接口进行数据交互,由第三方开发及维护的程序,可以是一款小游戏,一个登录微博的客户端,一个博客或浏览器插件甚至于一个读书工具等。这些产品开发完成后也可以直接在微博平台上推广。与迅速实现赢利的营销者们相比,微博上逾千个第三方应用的开发者,绝大多数都还活在混沌不清的投入期。

到目前为止,国外的 Facebook 上有 20 万应用程序,Twitter 有 15 万,苹果 AppStore(应用下载商店)有 30 多万,谷歌 Android 商店里有近 20 万,而新浪的微博平台上目前还只有不到 1000 个,这一差距意味着作为微博开发者的巨大机会。

对个体开发者和创业小团队而言，新浪微博开放平台的意义是显而易见的。过去要创业，一切从零开始，现在可以一上来就是站在上亿用户规模的平台上。这也是为何在2010年11月新浪宣布开放平台的开发者大会上，蔡文胜向开发者们呼吁"这是我们最好的机会"的原因。

以国内最大的微博第三方应用产品聚集平台新浪为例，从2010年末开放平台到现在，已上线的各类第三方应用产品近1000款。

"80后"的许士彦和他的Weico团队，算得上是其中一位误打误撞赶上趟的领跑者。Weico是iPhone手机上一个浏览新浪微博的客户端程序，和简洁的新浪官方客户端不同的是，Weico上可以切换各种绚丽的主题，还支持用户把照片处理成旧照片、邮票、画板等各种新奇效果后上传。

在Weico发布之前，许士彦和朋友创办了一家业内颇有名气的UI（用户体验设计）公司，也担任了新浪多款产品的UI，其中就包括微博客户端。

正是在微博客户端的开发过程中，他们的一些有趣的设计想法无法在官方客户端上实现，于是他们把这些想法灌注在一款更为个性化的产品上，Weico就这样诞生了。

让许士彦自己都有些意外的是，这款"玩票"性质的iPhone新浪微博客户端，一炮而红。"在iPhone4还一直处于缺货状态"的情况下，现在已累积40万下载用户。在iPhone的AppStore里，Weico一直在社交类APP的下载排行前列，有时甚至比官方客户端排名还靠前。

除了Weico这类完全因微博而生的产品，还有另外一些相对独立的互联网产品，也在通过微博平台，大大拓宽了受众面。

以目前已颇有名气的"签到"网站街旁为例，有40%左右的用户绑定了新浪微博账号，近三成的流量来自新浪微博。

反过来，微博也成为衡量这些第三方应用活跃度的重要观察平台。许士彦和刘颖，都会非常注意自己公司的产品功能，每天被用户分享到微博的次数，与同类产品的比较，因为这是其与同行比较用户活跃度的最好渠道。

不过，即便是从新浪2010年11月开放平台算起，这个领域的生命也只有一年多,在新浪微博应用频道里 1000 多个产品,相当大的部分都是个人开发者的兴趣之作,很多也只是商业价值有限的小工具、小游戏。

而 Weico、街旁等一些已经做出一些知名度的开发者,几乎有着现成运营经验,相对成熟的创业团队,只是较快地搭上微博开放平台早班车而已。

不过,各种风险投资商已在抢宝下注。2010 年 11 月新浪就宣布联合红杉资本、IDG 资本、创新工场、云锋基金、德丰杰五大顶级投资机构,启动中国开发者创新基金,一期规模为 2 亿元人民币。天使投资人蔡文胜等,也在密切地和各类开发者接触。而像 Weico 这样的明星产品,更使风投蜂拥而至。

> **编辑我要说**
>
> 既然微博营销有利可图,那么各个环节上的个人或团队就都不会放弃赚钱扬名的机会。

副产品也是不错的商品

记者在淘宝网上找到了几家卖家。"你是要加粉丝呢,还是要转发、评论?因为每种业务收费是不一样的。"卖家"大地"问记者。"都是些什么价位呢?"记者问。"那看你需要的业务和数量了。"随后他向记者报价,"如果单纯加粉丝,169 元/1000 人,459 元/3000 人,769 元/5000 人……如果还需加评论的话,28元/50条。"卖家"大地"向记者解释道:"价位并不高,因为这都是些'优质'粉丝。"

何谓"优质"粉丝?"大地"继续给记者"上课":"这些粉丝都是有头像、有内容的,是人工做出来的,评论也是一条条写上去的。不像那些只有一个账号的'劣质'粉丝,连用户名都是一串相近的数字。"

对于买家的身份,"大地"拒绝向记者透露,但他表示,自己经营这个生意已经半年多,"明星的微博动不动就几百万粉丝,其实没人能脱得了清白。"记者突然发现"大地"的交易记录为"零"。"大地"解释说:"淘宝将我们的交易量全屏蔽了。"为了证实,他还给记者发来一个前不久的截屏,上面显示他的交易量已达6500多个。

"为何网站会打压倒卖'僵尸粉'生意?"记者试探,"大地"倒是不忌讳,"最近风声紧啊,原因你是知道的。"同时他还说,"你要是光评论,几个小时就能完事,现在要是加粉丝,我不能保证很快完成,因为网站最近在时刻盯着他们认为有问题的微博,一旦短时间内加大量粉丝,有可能暴露。"

僵尸粉,指微博上的虚假粉丝,指花钱就可以买到"关注",有名无实的微博粉丝。"活粉一分钱一个,10000个起卖。"一位僵尸卖家在网上叫卖。在微博这个圈子里,能赚钱的不只是这些,养僵尸卖僵尸正在成为一门微博副业。僵尸粉丝,是指通过人工操纵的方式批量注册和更新的微博账号,它们"有头像,有发帖,有自带粉丝",而且每周会更新一次。

如果要求活跃度更高,则价格也越贵,一块钱5个粉丝的那种,甚至可以做到每天不定时手动更新十几条微博。

这个卖家是微博兴起之后才开始做起这门生意的,他所在的"工作室",通过几位技术人员所写的程序批量注册账号,再通过程序批量给这些账号发帖以及加粉丝,如果加钱,还可以用这些账号人工评论和转贴。他们一共9个人,赚了钱大家分,每人每月收入大概在五六千元。

僵尸粉丝诞生的一个直接原因是,账号粉丝越多,广告价格就越高。按照现在的行情,30万粉丝的账号转发一条是五六百元,而60万粉丝的账号,报价可高达两千元。

统计多个卖家信息,得到的反馈是,微博营销公司、明星经纪公司和一些企业都是他们的主要顾客群体。这些卖家和买家,很多就是通过过往活跃在论坛里的水军制造者和使用者们。

最早出现的僵尸,其实是因为微博平台的需要而产生的。某大型微博平台刚开始做微博的时候,有3家公司专门给做粉丝,批发卖该微博平台,最后注入到名人微博的账号里,让名人感觉粉丝增长,增加其在微博上的活跃度。后来该公司微博业务发展壮大了,目前有十多家科技公司给它做僵尸粉丝。

为了避免被人发现自己的粉丝是半年也不说一句话的僵尸粉丝,该公司每隔一段时间,会主动杀掉一批僵尸粉丝,然后重新注入一批新的僵尸粉丝,如此循环。尔后,买卖僵尸粉丝又在市场上滋生出了一门畸形的"买卖"。

出于种种需要而正在日益红火的僵尸生意,让许多人感到了担忧。实际上,几大门户都意识到了僵尸粉丝对微博的伤害性。新浪和搜狐均表示,他们现在最大的竞争对手就是水军公司和僵尸账号。

编辑我要说

"僵尸粉"生意属于偏门生意,不能明目张胆去宣传。然而,技术含量较低,门槛较低,容易进入。

第五章

微博营销并不是小儿科

在新技术面前,个人和企业都有使用的平等权利,但企业始终想占有用户的自由空间,这将破坏用户体验。尽管目前微博只是在推广阶段,用户对"空间"的概念并不敏感,但随着认同感的增强,未来个体一定会对抗企业。另外,微博过度商业化,新浪、腾讯等又不予控制,微博品牌和微博本身都会受到影响。

不打无准备的微博营销仗

每当一个互联网平台的流行,都会引发一场营销革命,这也许就是网络营销的魅力。微博正是当前最火的互联网应用平台,微博营销自然也随之受到众多网络营销人士的关注。据了解,目前大部分微博营销主要以微博活动为主,通过微博做一些有奖活动等,很多企业做微博营销也是从微博活动开始。如何做好微博营销活动?

其实,目前国内做微博营销的微博平台可选择性不多,主要在新浪微博和腾讯微博,因为作为用户最活跃和平台和用户最多的平台,无疑成为微博营销的首选。至于选择腾讯还是新浪,还得根据自身产品的目标用户决定。据调查,新浪微博用户稍微高端,而腾讯微博用户则相对年经,有的产品却同时适合两个平台。

作为企业应注册官方微博帐号,活动也是从官方帐号发出的,还需要有专人运营此帐号,据了解,微博运营已经有了成为一项职业的趋势,很多公司都在招微博运营专员。在此特别有一个建议,就是官方微博一定要进行认证,对于认证的用户,可信度相对较高,从该帐号发出的活动也具有官方的权威性。

做微博营销活动的目的是什么,要达到什么样的效果,事先一定要弄清楚,比如说有的企业为了品牌展示量,有的为了增加微博的粉丝,有的仅仅是扩大活动的效果,还有的为了推广某款产品等。在确定了活动目的后,接下来的活动规划、推广方式也会有所不同。

一个好的活动规则,具有方便、易参与、简单明了等特征,对用户来说,一个易于理解,方便参加的活动规则,减少了参与的成本,又能从活动中获得奖品,何乐而不为?

或许很多朋友有参与过一些微博活动,自从蔡文胜微博送 iPhone 以来,iPhone 和 iPad 成为了微博活动较吸引人的奖品,但这个产品价格较贵,如果活动效果达不到预期效果,那成本就会相对较高,所以在选择产品上一定要注意用户的喜好。有做过微博活动的朋友说,实用性的奖品较受欢迎,大家不妨参考。

即微博的文案,一条微博只有 140 个字,如何在 140 个字内将活动规则说明,如何突出重点,如何吸引用户参与,是比较有技巧的,这个得根据多方的数据支持,比如你的用户群特性、活动的目的、活动的规则、微博平台的特点等来撰写微博的内容。在微博内容中插入好看的图片、视频等,相对可以提高内容的可读性。

准备好以上内容后,微博活动就要去推广了,根据微博转播评论的特点,目前来说很多微博活动都是寻找粉丝数较多的用户帮助转发,从而影响其他的用户,也正是因为这样,转发微博也成为了很多微博用户的一项业务。当然还可以利用微博本身的营销功能,或与微博官方合作,也可以利用自身的资源进行站外推广等。

做任何营销活动,都要做效果跟踪,很多公司不太了解微博营销,也没有做过微博营销活动,所以活动效果统计就更有必要了。做好统计工作,一来可以总结活动的效果,二来可以为以后再开展活动积累经验。

取得好效果的微博活动,前期准备工作一定做的比较好,这样才会为微博活动的开展起个好的开头。

微博用户就是消费者

2010年,微博勃兴。在微博这种新媒体工具蓬勃发展的同时,中粮集团敏锐地发现了微博平台的能量,希望将微博的"长尾效应"、人与人零距离沟通的特性运用到品牌传播中。

2010年年初,中粮集团初次试水大型而深入的网络营销。在网络上,中粮集团搭建了一个基于SNS社区游戏运用、主要面向年轻白领群体的"中粮生产队"互动体验平台,并取得了很好的效果。由此,中粮集团开始在网络新媒体营销方面累积经验。

事实上,自2009年起,中粮集团发动"全产业链"品牌战役,向消费者传播"产业链、好产品,让生活更美好"的品牌理念。从传统的户外媒体开始,经由基于SNS游戏的"中粮生产队",中粮集团"美好生活"的理念通过微博营销"美好生活@中粮"活动产生了前所未有的影响力。

中粮集团根据微博的传播特点,最终将品牌传播活动的关键词简化为三个,即:"美好生活"、"中粮"和"世博"。相应地,活动板块也围绕这三个关键词来构建,分别为发现美好(美好生活)、发现中粮(中粮)、相约世博(世博)、世博闪拍(世博)、粮呈美景(世博、中粮、美好)等。

在"相约世博"板块,用户可以输入自己的世博行程信息,从而发现和自己同时参观世博的人,还可以点对点选择与哪些名人一起参观世博;在"发现美好"板块,中粮集团设置了文字发表和图片转发两种形式,以符合微博用户不同的使用习惯;在"粮呈美景"板块,中粮集团搜集了世博园里的许多美好图片,鼓励消费者相互转发,同时融入品牌信息;在"发现中粮"板块，中粮集团每周设置一个"发现中粮好产品"的任务，用户可以在自家厨房、卖场、杂志广告等渠道"发现"当周确定的某款中粮集团产品，拍照上传并有机会获得"发现大奖"。

对于品牌而言，"中粮大家庭"通过微博营销平台进行统一展示，也在一定程度上解决了中粮集团旗下产品种类和品牌众多导致的消费者印象模糊等问题。截至9月20日，活动官方微博"中粮美好生活"的粉丝多达16万，有效地进行了品牌传播。在契合上海世博会"城市让生活更美好"理念的同时，在消费者的心智中，将"中粮"与"美好生活"完美地链接起来。

CNNIC发布报告称，截至2011年6月，中国总体网民规模达到4.85亿。半年内，微博在网民中的使用率从13.8%提升到40.2%。互联网经济下，中小企业要么开展网络营销，要么死亡。微博营销在中国火爆速度超出了人们的想象。它的出现，给互联网门户、博客、短信形成了巨大的冲击。很多原来迷恋博客的粉丝，因为微博的到来，几乎放弃了博客。

微博在网络营销的必经之路上，我们又能很好的把握这个使我们通往成功的工具吗？

"每一个微博用户后面，都是一位活生生的消费者。"据统计，使用微博的群体收入比较高、文化层次比较高，而且用户对微博的信任度也比较高。可是我们应该怎样找到目标客户呢？利用群组发现大批目标客户。在微博上，你可以自己组建群组，也可以加入到一些已经组建起来的群组中。有许多群组会带有明显的产品关联、地区关联、性别关联，他们都为一些企业方便地联系目标客户创造了极好的条件。

如果你的企业做的只是本地服务的项目，我们就可以利用好同城之类的选项！利用微博上的投票功能来对客户进行分类。但是投票活动最好设置一些奖品，否则比较难吸引用户的关注和参与。

编辑我要说

社交媒体有一个显著的特点，人们之间的交流内容如果是大家共同关心的，就会上升为话题讨论。

微博营销必须坚持原则

人际传播的过程就是交朋友的过程,你的朋友越多,你作为信息源发出的信息传播得就越广,越有效。任何在现实中多交朋友,交好朋友的"秘诀":真诚守信,开朗,具有幽默感,多分享快乐少诉苦等等都可以用在微博上。下面谈谈几个基本原则在微博上的应用。

微博不能太枯燥了,太官方了。如果没有趣味,你的微博,也就是你的个人广播电台,听众就不愿意转发你的微博,也就无法完成你的初衷。如果没有粉丝转发你的微博,那微博就没有效果了。所以第一条原则,一定要有趣。

在传统的媒体,比如报纸做营销是无法互动的。通过微博,如果有人对你的产品感兴趣,发送了评论,你可以跟他互动,帮助他解决问题,一般帮助他解决了问题,他也可能把这些转发出去,帮助有相同问题的朋友,互动是建立跟粉丝长期关系的一个重要方面。

奥巴马在大选时候,关注他的粉丝,而希拉里则没有关注她的粉丝。所以,互动是与粉丝建立关系的重要方面。这个方面有很多企业做得不错,比如美国网上卖鞋卖得很好的B2C企业Zappos等。

真诚不仅是微博营销的基本原则,其实也是做任何事,做任何互动交流的基本原则。一提到营销,人们往往想到夸张、虚饰、忽悠、不择手段。但是,虚假可能获得一时的小利,却不能获得人们长期信任,你可以忽悠一个月,两个月,但是你不能忽悠一年,两年,五年。微博营销绝对是一个以年计算的长期行为。微博上的交朋友和现实中交朋友一样,好的声誉就是财富。积累良好的声誉需要时间,而没有真诚的互动就不可能有良好的声誉。

与电视、门户网站的传统广告相比,受众的负面情绪在微博上更容易得到表达和传播。你可以通过搞定电视台、门户网站的主编而阻断负面情绪的传播，但你不能封住所有微博受众的口，所以真诚原则在微博营销上比其他传统营销更为迫切。微博营销的从业人员首先要消灭传统营销中普遍存在的侥幸、忽悠的职业习性，以真诚的态度对待你的听众——你的潜在朋友。

在现实中，我们可以发现，人们更愿意和乐观开朗的人交朋友。微博上的互动交往也不例外。除了"嫉妒"你的乐观开朗外，没有人会讨厌你的幽默感，没有人会讨厌你与他分享快乐。乐观开朗原则要求微博营销从业人员本身的性格是乐观开朗的，他（她）应该有足够的热情与"陌生人"交往，与"陌生人"分享自己的快乐和生活体验，他（她）不会成天抱怨这抱怨那，变成一个诉苦型的话痨。

实际上，我们发现，无论是在国外的 Twitter 上，还是在国内的新浪微博、腾讯微博上，幽默的段子、恶搞的图片、滑稽的视频总是获得大众的青睐——男女老少皆宜。适度的与你的朋友分享这些好玩的东西有百利而无一害。

宽容意味着大气和绅士风度，而苛刻意味着小气和"独裁"，没有多少人会喜欢苛刻性格的人。当然宽容不意味着没有价值观，不意味着凡事做"和事佬""和稀泥"，相反的，你应该有鲜明的价值观，并且保持这种价值观，不随波逐流，左右摇摆。一个好的例子是：谷歌在"不作恶"价值观上的坚持为其赢得了大的声誉。摇摆、随波逐流与真诚原则相抵触，势必对品牌形象带来严重的损害。

但是，我们要记住微博营销的目的，如果你做的是纯粹商业上的营销，你就要尽量避免涉及与商业无关的价值观争论。在话题选上，尽量避免涉及政治上的"左"和"右"、同性恋、族群关系、女权主义等敏感话题。

编辑我要说

微博营销本质上是人际营销，现实中交朋友的原则都可以用在微博营销上，不同的博主应该有不同的侧重点，灵活取舍。

微博营销充满挑战

随着智能手机的高速普及，微型博客更大的爆发点应该在2011年之后。因为随着世界工厂对于智能手机的量产化不断推进，普通的一款山寨HTC的智能手机价格区间已经降到了680左右，性能还不输于1500以上的品牌行货。根据市场研究机构IDC预计，中国行货智能手机的销量将在2010年达到2600万部。那么以此判断，中国智能手机用户将于2011年年内突破1亿。那么，作为微型博客的重要载体，智能手机用户随时随地的应用，各种信息最快速度的即时传播，将极大推进微博的热度和覆盖人群的广度。

那么，看似会爆红的微博市场，如何与企业推广营销、品牌建设更有利的联系？企业如何利用好微博营销直接拉动销售？这些问题都是品牌广告营销界人关注的重点。

微型博客与时下流行的SNS开心网类似，都是以各种关系建立起的粉丝圈，每个主题帐号通过发布言论影响自己的粉丝圈，如果足够有吸引力，那么都有可能因为是强有影响力的意见领袖让粉丝圈扩大。但既然是圈子，就存在着信息覆盖的有限性。即使是粉丝数十万的超级红人，其覆盖率也只能是"粉丝数×活跃率百分比"。而如果想覆盖更多的人群，那么就必须有数量众多的意见领袖，通过有计划的传播信息，在他们的圈子内传播企业/产品/品牌消息及信息。

就目前而言，业内对于社交新媒体的覆盖率提升的最好办法是让更多的"红人"账号发布和传播推广/品牌信息。因为相比较与新浪/腾讯官方百万至千万级的合作,这种方式更经济,千人广告成本更低。但即使是新社交媒体方面(目前主攻微博)做得最强的第一团队,他们的红人覆盖面也仅仅为100多万,这与几亿博友的巨大人群相距甚远。所以,企业要想在微博营销策划中获得较好收益,就必须寻找比较好的执行团队,达到更为广泛的覆盖率。

另一方面,企业/产品/品牌想要在无数个圈子中传达必要的信息或者举行某个活动。他们传播的内容及载体,直接决定了信息在圈子里的到达率。这种到达率的影响因素很多,除了前文提过的粉丝活跃率百分比外,发布时间、发布内容及表现形式都是重要方面。例如发布时间如果集中在黄金时段,相关白领人群可能就会到达率更高。表现形式方面,图片显然是在众多信息中获得有效大大的利器,但是区区一百多字再配合图片,表现形式也有限。所以多媒体形式的视频也会成为微博营销中提高到达率的重要手段。

总之,圈子虽然小,但是由于意见主体的多样性和话题的复杂性,会影响到推广信息的到达率。企业必须考虑到执行细节中的传播载体,而不是像电视广告时代只专注强制信息的到达和影响因素。毕竟现在已经进入2010年,众多新媒体的崛起使传播渠道和受众倾听习惯发生了巨大的改变,老脑筋是要改改了。

在前面两个难点之后,关乎到微博推广营销成败的关键因素是信息的内容对于目标受众的直接影响力,即话题能否引起目标的关注、回复、讨论/争论及形成共识。微博由于字数限制,内容上要求精简,类似手机短信营销,话题的契合性非常重要。另外图片是否吸引人眼球,视频的展示画面是否让人想点击观看等等,都是在执行中的特别注意的要点。

另外,话题的是否可复制性是决定微博营销的关键。即好的内容能最大限度地激发转贴功能对于覆盖率的贡献。简单说来就是企业通过一个粉丝群发布广泛相关群体非常感兴趣的话题,这些粉丝会自发形成口碑意见,并通过转贴影响到更多圈子。这与互联网炒作类似。我们制造公众和舆论感兴趣的话题/事件或者人物。而公众会因为觉得有趣、相关性或者支持反对而自发形成传播,专业定义为"病毒式营销"。

> **编辑我要说**
>
> 微博营销虽然看起来火热,并且肯定还会一直火下去。但微博营销却面临着传播覆盖率、信息至圈子到达率及有效影响力这"三座大山"。

微博营销当然有禁忌

很多企业在做微博营销的过程中,发现并没有几大微博平台所宣传的那么美好,微博对营销的贡献几乎微所其微,所以,我们必须对微博有一个比较正确的认识,微博在企业的营销过程中能做到什么?企业在做微博营销的过程中要注意那些问题,也就是说禁忌点在那里?

在过去,大家相互之间留下手机或者QQ,MSN之类的,现在流行微博互粉的方式。微博由于本身符合传播和自传播的特性被越来越多的商家看到其中巨大的商业价值和宣传机会,许多企业纷纷开通自己的企业微博,利用微博平台来宣传企业或者产品。

天下没有免费的午餐,如果个个都能利用微博营销进行企业品牌的营销和宣传,那么,几大门户的广告卖给谁?那可是他们生存之本。所以不要太过度相信运营商的数据,他们目前还处于争取用户阶段,需要树立典型而已。所以,典型做得到的,你不一定做得到,这就是区别。背后有一只手在帮他,这是先天的优势。因此,不要对微博寄与太高的期望,可以做为一种长期宣传的手段就可以了,就像跟博客一样,有人进来你的微博,就知道你一样。切忌心急气燥,品牌宣传从来都是一个长期的过程,不是一个微博就能改变整个生态环境的。

许多企业为了短时间内获得大量的粉丝,采取活动送礼品的形式,如送机票,送 iPhone,送 iPad,有的还送钻石,能想到都想到了。确实在短时间内积累了大量的粉丝。但是这些粉丝都是冲着奖品来的,如果不做活动呢?这个粉丝还会接听你吗?活动做完以后,粉丝又减少了多少呢?而且这些粉丝本身对你的微博并没有所谓忠诚度,所以这个微博账号基本上算是废掉了。活动是可以做,但切忌过度频繁,过度依赖,可以一个星期做一次小活动,一个星期与粉丝有一次互动就 OK 了。而粉丝对你的微博有兴趣才去关注你而不是通过奖励的方式。

微博本身是一个弱关系链的信息流工具,也是用户一个情感表达的工具。就决定了微博本身具备有新闻和生活两个属性。如果你的微博没有太多关于新闻或者生活的信息,而是一味的广告的话,我相信你的微博没有太多的粉丝,如果有也是通过其他手法获取而来的。一旦少了外部的因素,你的博友也会纷纷离你而去。所以特别对于企业来说,如何控制宣传和情感生活交流两不误,就必须对广告和内容做一个比较好的比例控制,使广告融合到内容当中。

有些企业,特别是那些在做活动的企业,经常使用 @ 这个功能。这样它的粉丝的"提到我"就有系统的提示,可以增加被查看的几率。但是,如果经常使用这个 @ 的功能,让用户增加查看他不喜欢的广告信息,最后的结果就是"黑名单"。白白损失了许多粉丝。还有,一些企业的微博特别喜欢用刷屏的方式来引起别人的注意,增加曝光的几率,但是,有没有考虑你的粉丝的用户体验,如果他的内容全部是你的内容而看不到其他人的内容时,他也会弃你而去。所以,一个要把握好内容的频率,一般一天不要超过 10 条。

国外许多成功的企业把微博当成一个客服的工具,细心和耐心地在微博上解答用户每一个问题，而我们的许多企业根本就不理用户的留言，发发内容就完事了，没有与网友进行进一步深入的互动。这样很难获取忠实的粉丝，最终也没有办法变成你的客户。因此，要注意与用户之间的互动，而且这些互动应该是双方的，并且是良好的。

> **编辑我要说**
>
> 微博是新生事物，微博营销更是，不要在不太成熟的背景上胡乱涂鸦，不了解微博的两面性，难免要吃亏。

微博内容决定营销前景

什么是口碑营销，就是用口来进行传播，但是在互联网的世界里口碑传播不是"声音"，而是文字，用户对你的评价，你想传递的"声音"，都是通过文字来表达。微博作为新的口碑传播工具，文字就构筑了微博的内容。内容为王依旧是不争的事实。

微博营销内容很重要，做好内容营销才是取胜之道。不管你将微博定位成为品牌传播还是连带销售，你所有的意图都是通过文字来表达的，互联网口碑营销不同之处在于它并非声音而是文字传播。所以微博的内容就是想要说的话，重要程度不言而喻。有文章中说过，拿粉丝当孩子，所以微博内容就是孩子的"粮食"，要留住孩子，要让他爱你，你就要做到微博内容对胃口、有营养、够创意。

对胃口就是要弄清楚你的粉丝是什么人，他喜欢吃辣还是吃甜，吃咸还是吃淡，摸清用户喜好。有营养就是要让你的微博内容对他有用有价值，她是女人你就告诉她如何美容减肥，化妆购物，他是男人你就告诉他香车美女、升职加薪、时政新闻，总之尽量让他感到有价值。够创意就是让他有新鲜感，再好的东西看多了也会腻，图文结合换成视频+文字，把活动做得趣味些，要吊住他们的新鲜感。

这三点说难也难，说简单也简单，摸清用户属性是第一。什么样的内容养出什么样的粉丝，内容做不好要么粉丝流失，要么粉丝活跃度差，所以内容不仅是留住粉丝的根本，潜移默化为传递品牌的工具，更是检验微博运营好坏的试金石。

微博营销，内容很重要，什么样的内容会养出什么样的粉丝，如果你真的想做好微博营销，那么告诉你，老老实实做内容，重视内容的价值，通过内容反映的各项指标指导微博营销工作。没有内容，拿什么养粉丝，没有粉丝谈什么营销，照顾好你的粉丝，从内容开始。

首届微博营销大会还未开始，被闪光灯聚焦的嘉宾蔡文胜也拿起手机和记者们对拍，他说："我要拍个照，发到微博上。"拥有300多万微博"粉丝"的著名天使投资人、4399游戏网董事长蔡文胜说，要吸引"粉丝"，就首先要关注成功的微博都写些什么内容。"我把名人、草根微博排名前100多名的微博都认真看过，研究怎么写好微博。"

在蔡文胜看来，微博是营销的一种新载体，"内容才是关键，有好的内容、创意，一样能创造价值。"

草根微博排名第一的"冷笑话精选"，凭借每日的笑话、星座、语录、创意等内容，吸引了近300万粉丝。博主伊光旭是厦门人，他说，他通过"偷师"名博、关注评论，优化微博内容，不断突破创作瓶颈，最终，他的微博吸引的粉丝数量从百到万，再破百万。"学习特别重要，我们要回到微博里去学习。"

内容要吸引人，就必须要有自己的特色，要有个性。"广告界有内容为王的说法，微博也是一样。"有嘉宾认为，采取奖励性的方式是吸引"粉丝"的方法之一，就像现在广告中运用抽奖、试用装、折扣等方式吸引顾客购买产品。

"企业微博内容不能只是广告,而应是听到、看到的信息,比如产品信息、政府策略以及客户关心的问题",戴尔大中华区消费及小企业事业部总经理黄恩浩认为,微博营销成功与否,内容很关键。

既然是营销,就要有内容。所有粉丝或潜在顾客的眼球被吸引,关键只有一个,那就是微博的内容要好。

微博营销潜能无限

微博不仅是一个传播媒体,不仅是一个娱乐工具,它还有着巨大的潜能等待我们去发现。

微博的作用与商业价值是建立在一个微博运作成功的基础之上的,试想,如果你的微博粉丝寥寥,关注者非常少,怎么可能达到效果呢?

企业博客经营者首先要改变观念——企业微博不是一个"索取"的工具,而是一个"给予"的平台。现在微博数以亿计,只有那些能对浏览者创造价值的微博自身才有价值,此时企业微博才可能达到期望的商业目的。企业只有认清了这个因果关系,才可能从企业微博中受益。

首先,欲塑造一个大家喜欢浏览并持续反复光顾的微博,需要博客经营者持续提供目标浏览者感兴趣、有价值的信息。现在企业微博常给浏览者提供一些限时抢购、优惠券、赠品等作为宣传与吸引浏览者的手段,但是,我们不可能每天都有奖品赠送,即使每天都有礼品奉送,最终留下的也都是只为了来领取奖品,甚至是专业领奖户们,对企业品牌与销售都没什么实际促进作用,枉费了人力与财力。

企业要改变对价值的认识,并非只有物质奖励才是有价值的,比如,提供给目标顾客感兴趣的相关资讯、常识、窍门。也可以以自己的微博为媒介平台,链接众多目标客户,如俱乐部、同城会等,同时,将线上与线下打通,让微博有更多的功能与实际作用,这样才能构建出一个拥有高忠诚度与活跃度的企业博客。

你的微博对目标群体越有价值,对其的掌控力也就越强,同时,价值更不仅仅是优惠和赠品。其实,微博的经营真谛就是一种价值的相互交换,这个过程中各取所需,互利双赢,只有这样的模式才能长久。

微博的特点是"关系"、"互动",因此,虽然是企业微博,但是也切忌办成一个官方发布消息的窗口那种冷冰冰的模式。要给人感觉像一个人,有感情,有思考,有回应,有自己的特点与个性。

一个浏览者觉得你的微博和其他微博差不多,或是别的微博可以替代你,都是不成功的。这和品牌与商品的定位一样,从功能层面就要做到差异化,在感性层面也塑造个性。这样的微博具有很高的黏性,可以持续积累粉丝与专注,因为此时的你有了不可替代性与独特的魅力。

微博就像一本随时更新的电子杂志,要让大家养成观看习惯,也就是定时、定量、定向发布内容。当其登陆微博后,能够想着看看你的微博有什么新动态,这无疑是最成功的境界,虽很难达到,但至少我们要做到经常出现在他们面前,久而久之便可成为他们思想中的一个习惯。

定时、大量地发布企业微博自然是最有利的,大量发布可以在一段时间内占据关注者的微博首页,至少不会被快速淹没。但是一定要保证微博质量,在质量和数量的选择上一定要质量为先。因为,大量低质量的博文会让浏览者失望。一个缺乏有价值信息,多是垃圾内容的企业微博,不仅达不到传播目的,还很可能被不胜其烦的粉丝删除掉,或压根就不会有人关注你。

微博的魅力在于互动,拥有一群不说话的粉丝是很危险的,因为他们慢慢会变成不看你内容的粉丝,最后更可能是离开。因此,互动性是使微博持续发展的关键。第一个应该注意的问题就是,企业宣传信息不能超过微博信息的10%,最佳比例是3%~5%。更多的信息应该融入粉丝感兴趣的内容之中。

任何一个营销活动,想要取得持续而巨大的成功,都不能脱离了系统性,单纯当做一个点子来运作,很难持续取得成功。微博营销虽然看起来很简单,对大多企业来说效果也很有限,微博营销被很多企业当做可有可无的网络营销小玩意儿。其实,微博作为一种全新形态的互动形式,潜力十分巨大,发挥出的作用很小的原因是你本身投入的精力与重视程度本就不高。

编辑我要说

把微博营销纳入经营模式中,以战略的高度去挖掘网络销售的潜能,就能创造出了今天和未来的奇迹。

微博营销投入少产出多

很多人会把微博这种形式称为"碎碎念",由于字数少,通常是三言两语就把事情说完。所以用户们通常会在这个平台上发发牢骚、吐露生活或工作上的不满,或者和朋友分享身边的小快乐……总之,语言呈碎片化,发言也较为随机,因此,如果要正儿八经地做营销,可能其传播效果就大打折扣。

如果说长安福特仅仅是利用了微博这种新颖的沟通方式来广播自己的车展信息,那么相比之下,凡客诚品(Vancl)的手段则高明了许多。这家服装网购企业的创始人兼CEO,就是那个曾在2004年以7500万美元的高价向亚马逊出售卓越网的陈年。而Vancl的管理团队多来自卓越网,有着丰富的网络营销实战经验。从一开始,Vancl就将自己的企业文化注入到了Vancl微博的性格中。

在消费电子专家、尧典管理咨询公司高级顾问王斌看来,Vancl的微博营销是可以写进商业教科书的,与长安福特相比,Vancl与新浪微博有更多的契合点:"首先,经常上新浪微博的一部分人是绝对的'互联网公民',他们不仅是微博的用户群,同时也是网购服装的准用户群。此外,新浪微博在成立之初就为自己起了个比较好玩的名字'围脖',而Vancl提供真正的围脖作为奖品,这个点本身就抓得很巧妙。"

"因为围脖和微博的缘故,新浪特别爱拿这个案子说事,这对我们来说也起了很大的宣传作用。"Vancl品牌管理部负责人李剑雄告诉记者。在Vancl的微博上,能够发现这家迅速崛起的企业对待互联网的老练:一会儿推出1元秒杀原价888元衣服的抢购活动来刺激粉丝脆弱的神经,一会儿又通过赠送礼品的方式,拉来姚晨和徐静蕾等名人就Vancl的产品进行互动。

事实上,微博之所以能够迅速走红,就是因为名人效应,名人开微博吸引了大量粉丝的关注。当时,在新浪微博关注排行榜上,姚晨和赵薇分别以50多万和近40万的关注排名冠亚军,只要姚晨说句好,那等于是一个受众50多万的免费广告,李剑雄深知这一点。

除此以外,还能看到Vancl不仅搬出畅销服装的设计师来讲述设计背后的故事,也有刚刚入职三个月的小员工来抒发感性情怀,加强企业的"心灵鸡汤"形象……

"我们的微博定位就是用不同层级的员工口吻来讲述Vancl的故事。"李剑雄说,就是这种方式让4000多个粉丝成为Vancl的产品和企业文化的双重拥趸。据艾瑞中国服装(行情股吧)B2C网络购物研究报告显示：09年Vancl的销售额已经突破6亿，市场份额为28.4%，稳居服装B2C行业老大。

作为尼尔森报告评选出的2009年互联网top1广告主，Vancl对于网络营销的热情毋庸置疑，不过，相对于其他网上营销手段，目前Vancl对微博营销还并未太当回事。"毕竟这是个新的东西，还没有形成规模，而且营销效果也很难评估。"李剑雄谈道："但我们会一直做这一块，因为实际上，与传统营销相比，微博营销的投入也很少，几乎不需要什么成本，只需要安排专门的人做微博更新就好。"

> **编辑我要说**
>
> 在微博上，企业和客户之间不再是单纯的买卖关系，微博用好了，就能够在企业用户中培养出超越买卖的情感关系。

门户网站开拓出微博战场

网易CEO丁磊声称，微博在中国还处于一个启蒙阶段，这种新的关系和信息的组织方式是会长期存在的，但是很多人并没有运用好这个关系和信息的组织方式。网易微博在年内会有大动作。

如今，四大门户新浪、搜狐、腾讯、网易的微博已齐齐上线，各位大佬也都披挂上阵。尤其是张朝阳，不光自己甘当搜狐微博的马前卒，还动用私人关系拉明星朋友上线。

丁磊也定下了调子："我亲自挂帅做微博，而且我有信心可以比新浪做得好。我其实在潜水，每天上网还发言，而且我用的还是新浪微博。我觉得要超越竞争对手，CEO必须亲自去体验竞争对手，而且要鼓励下面的员工一起用，你才知道他们的弱点在什么地方。"

作为第一波互联网兴起的产物，门户网站在互联网界资格最老，运营模式也最成熟，是第一批登陆美国股市的中国网络概念股。跟传统媒体比较类似的门户网站，依靠专业的编辑团队筛选新闻，依靠广告盈利，是第一波互联网英雄的诞生地，张朝阳、丁磊皆出自门户。

江山代有才人出，各领风骚好几天。时移世易，这些老牌门户网站的光芒，逐渐被搜索引擎、社交网站、电子商务网站等新贵掩盖。门户虽然只诞生了十几年，但已是互联网最古老的模式之一。在新的时代如何挣扎着搏出位？

眼看着雅虎错过一轮又一轮的机会，最后竟要靠持有阿里巴巴集团的股份才能维持股价。门户网站的窘境可见一斑。

从新浪微博上线开始，新浪就把微博当做自己搏出位的一个利器。四大门户最依赖广告收入的就是新浪，对于转型最有渴求的也是新浪。2009年的微博机遇，新浪抓得最紧也抓得最好。

腾讯网面对竞争最轻松，依靠着母公司腾讯QQ的给养，腾讯网向来不缺钱。不惜血本的投入，让腾讯网排名迅速蹿升。

搜狐也依赖门户广告，不过比起新浪来，广告占比更小，搜狐视频一向是强项，综合排名颇高。

四大门户中，广告营收最少的是网易，但网易公司的主业是游戏，网易门户网站只有出奇兵来应对钱财物投入巨大的其他三大门户。

从2011年一季度的财务报表来看，按总营收来排名，腾讯第一、网易第二、搜狐第三、新浪第四。老大腾讯的营收是网易的4.1倍，是搜狐的5.5倍，是新浪的9.6倍。

只看广告业务，新浪仍是老大，依次为搜狐、腾讯、网易。四大门户中，广告额最小的就是网易了,网易一季度网络广告收入1940万美元,排在最后,仅仅是新浪广告收入的四分之一。

看广告额最低的网易门户转型,就好像看木桶理论中最短的那块板,它决定着整个行业的走势。

网易总编辑唐岩透露说,网易去年11月推出了"网易公开课",目前已经成为广受社会各界认同和关注的视频产品。影视剧目前还不是网易视频的方向。唐岩还透露,除了公开课、微电影和目前主打的电视节目之外,网易接下来还将在视频领域有大的投入。视频,无疑是门户转型的一大方向。

微博,则是门户展开肉搏战的地方。丁磊的话如同宣战书,四大门户齐齐卷入微博大战。

相对于2009年上线的新浪微博、2010年上线的腾讯和搜狐微博,后起之秀网易还有空间吗?

唐岩说:"微博注册用户增长还是很迅猛,我们做了新的定位,要打造有态度的微博,与有态度的人一起分享更有价值的信息。"

"到目前为止,网易已经基本形成了经济学家、文化精英、公共知识分子这些领域的优势,这里有很多人,质量都很高,都是竞争对手所不具备的。"微博肯定是网易门户业务中投入最大的一项业务。"唐岩说。

编辑我要说

随着四大门户将微博作为标配,微博这种新的媒体形式已在中国迅速积累起大量人气,在此基础上,微博逐渐成为商家营销的必争之地。

微博带来网络销售新变革

微博营销与传统网络营销的核心不同在于，微博信息的人际传播取代了网站编辑(版主)主导的信息传播。

先说门户网站的广告营销模式。门户网站的广告和电视广告很相近，都是在屏幕上强制性的给观众推送广告，两者唯一的区别是电视机屏幕变成了电脑屏幕。从营销模式来看，门户网站的营销没有任何变革。

但是微博营销是网络营销的大变革。变革其实从以博客为代表的web2.0的出现就已经开始了，但是只有等到twitter、facebook等SNS网站出现，变革才凸现起来。变革的核心在于：微博等SNS平台给了用户足够的选择自由，用户可以自行订阅信息源，信息主要通过人际来传播，因此强制性的广告推送如果说不是不可能，肯定也是非常不受欢迎。

很多微博推广的新手(粉丝数为0)在自己的微博上发一大堆广告文字，他们似乎不知道，没有粉丝的广告徒劳无功。当然，他们也许了解订阅的机制，但是却不愿意花精力积累粉丝，而试图走做所谓SEO捷径(让微博搜索引擎抓到)。——但是有多少人会相信那些没有几个粉丝的帐号发出的广告呢？

毫无疑问，同web1.0的门户相比，BBS让用户有权发布信息是一个改进，但同web2.0的博客、微博相比，它是一个落后的人际交往平台。BBS版主就像一个大教室的大黑板，每人都在上面写一些嘈杂的东西，而观众又不得不看。BBS在中国虽然还有一定的市场，但是微博既出，BBS衰败是不可避免的。BBS 的版主的一大块精力花费在审核垃圾广告贴上面(不让它们干扰普通用户的交流)，但是微博通过赋予用户以订阅选择权，让每个用户成为自己的版主，承担了审核广告任务。所以以前在 BBS 里发广告的营销方式，在微博上再也行不通了。

包括微博在内的 SNS 产品，让互联网更加同构于现实社会，网络上的交流互动更加类似于现实中的人与人之间的交流互动，网络上的信息传播模式更加类同现实中的人际传播模式——在现实人际交往中，你可以不接触某个人不听他的说话，或者可以评论转述某个人的话给其他人，在微博上你也可以低成本的做到这些。因此，微博营销更接近于现实中的人际传播，而与电视、广播、网络门户新闻、BBS 分道扬镳。

南京审计学院市场营销系主任许彩国教授认为，微博对营销模式必带来巨大变化。主要体现在三方面：第一，传播方式是立体的，文字、图片、视频、插件都可以上；第二，传播过程是裂变的，一传十十传百，可以在数分钟内传播几万人甚至几百万人，这种裂变效应是传统传播工具无法比拟的；第三是粉丝忠诚度远超传统媒体，传播精准度加强，这种变化是革命性的。

微博营销对于企业来讲是全新领域，上下游产品、技术开发商机无限。苏酒实业营销人员告诉记者，中秋营销中，他们在微博里设置了"微家书＆心距离"互动插件。只要你输入父母地址，电脑会根据你的 IP 地址，自动计算出两地距离，跳出温情文字："我与父母的距离是××公里，而我们的心在一起，就是零距离。"这次有趣温馨的实践让我们认识到，微博营销的创意和技术支撑都是全新的，相关人员亟待知识更新。

编辑我要说

由于其自身特点，在网络经济时代，微博营销充分利用了微博这一新媒体传播快、黏度高、互动性强、易产生口碑传播等特点，成为 4C 理论的完美实践。

第六章

企业是微博营销的主力军

微博近年异军突起,以其简单易用的特性,从SNS网站中赢得大量用户,目前微博的用户数量正呈几何倍数增长。伴随中国微博时代的到来,企业如何利用企业微博展开网络营销和推广?这显然是个问题。而更为重要的是,企业微博营销切不可急功近利,微博传播是一个漫长的过程,需要时间和持之以恒的努力方有成效。

企业微博营销入门

据泰安SEO统计,现在的网络上可行的主流推广方法得有十几种,其中社会化营销是普遍被人看好和重视的,微博营销就是其中的佼佼者。微博营销也逐渐成为了一门学问。企业也逐步看上了这个新的平台,本文的重点就是帮助企业享受微博的魅力。

企业没有充足的资金,用广告或大型活动的方法告诉大家我是谁,对于小企业来说,互动是最省钱,最有效的方法。

注册的名字。最好用品牌,企业或自己的真实名字。

注册用的照片。企业建议用logo,经理及员工建议有自己的真实照片信息。让朋友直接从照片看出你的性别和年龄,树立公众形象。

个人资料填写足够的内容,让别人更方便的了解你,对提升公司有帮助的信息都可以在微博上展示。荣誉、演讲、媒体的相关报道,打消客户的怀疑,赢取信任。

介绍企业文化。企业微博最好的方法就是用平实,自然的语言来向大家讲企业各种各样的故事。

介绍自己的团队,介绍自己的产品。对于产品不要僵硬的说明,要学会用你轻松的,幽默的语言展现品牌的个性、特征、来历、优势等。

如今在新浪已经有超过3万家微博注册的企业,腾讯已超过2万家。"每天都有40家以上的企业注册或申请加V。"这是腾讯微博商业运营中心总监艾芳提供的数据。就在一年前,利用微博营销的方式还不被企业认可,如今企业却纷纷加大在微博营销上的投入力度。

对于企业来说,微博首先可以帮助它们在网民中进行辅助宣传。科比来中国之前,耐克便通过官方微博把消息披露出去,科比在中国期间,发布会等活动耐克都会邀请科比在微博上的粉丝参加,很快便提升了微博用户对耐克的关注度,成功地实现了品牌宣传。

企业和个人一样,可以通过微博去塑造自身形象,在关注者间形成更好的口碑。例如,以往人们对东风雪铁龙的品牌印象大多是偏时尚、定位于白领男性。在其公司微博上,除了与车有关的信息,还会谈论和车有关的生活、旅行等话题。吸引了超过60万的粉丝,其中有三分之一是女性。这些关注者来自各地,有不同的教育和职业背景,形成了一个鲜活的群体,完全打破人们对东风雪铁龙的传统印象。"你会经常看到员工和粉丝的互动,用户能切实感觉到他们的员工年轻有活力,且思路活跃,爱生活,讲究品位。"艾芳介绍,用户因此逐渐对企业有了立体的感知,增加了对品牌的好感,强化了企业形象。

作为营销渠道,社交媒体比传统媒介更加廉价和灵活。尤其对中小企业,微博可以说是量身定做的平台,公众通过对话、参加活动关注和了解企业和产品,从而有效地拉动实际销售。一个典型的例子是好乐买。一款新款女士凉鞋,配上图片和互动,就能引来很高的关注度,每天通过微博实现的销售常常超过上千订单。"企业相当于在微博上开了一个店铺,客人永远都在那里,只要产品质量好,配送方便且价格公道,用户就会愿意购买。"艾芳认为。

知名品牌客户则更多地将微博作为一个广告平台。国航在今年春节时,适时地抓住用户回家团圆的心理诉求,利用微博进行品牌推广加促销。活动期间,国航跟腾讯的财付通合作,用户即通过财付通买机票,将返还成交价的20%。活动前后,国航通过财付通的销售额增长了3.3倍。活动结束后,销售继续稳步上升。用户正式通过微博了解到,通过财付通也可以买机票,不仅方便,还能享受折扣。

不可否认,企业利用微博营销,只要把服务、产品、互动有效地和用户需求结合起来,便会发现更多商机,而要在微博的平台上打持久性胜仗,更加关键的是内容。

主动把握微博营销的机会

在中国,微博平台也正在凸显潜力。诸如恒信钻石、东航凌燕等,是第一批被媒体树立为企业运用微博实现精彩营销的典范。如今,小到餐厅、美发店,大到国航、电信、保险等行业,微博的"威慑力"已充分显现。这些成功的案例证明,网络沟通和其信息分享模式已可以直接影响到企业的业务与声望。

但微博这挺更善于"扫射"消费者的"机枪"用在营销中,并非每个企业都能将被"关注"的价值最大化。博雅公关亚太区 CEO 鲍伯·皮卡德表示,企业必须学会去讲一个数字化的故事,从各个方面参与到社交媒体平台上,以保证所提供的内容在不同平台都可以被利用和传播。

鲍伯·皮卡德认为,企业通过社交媒体与客户建立直接联系,是一种蜘蛛网式的传播方式,是爆炸式、传染式的沟通。面对这样一个没有边界的传播平台,如何准确抓住用户需求,将想要传达的信息有效传播出去来实现商业目的,便显得格外重要。

人们常常花心思思考在 Facebook、Twitter、微博上的内容应有什么不同,实际上,更重要的是回到沟通的根本——即企业希望与受众分享什么,企业想要建立一个什么形象,将企业人格化,找到特点和个性,这是最关键和基础的问题。

企业要更好地利用微博平台,从线上到线下,就应该更主动地做数据库的营销。鲍伯·皮卡德认为应该找到志同道合的朋友,主动邀请目标用户加入自己的社交团体和不同的线下活动,运用主动、细分且精准的内容来达到目标。

在腾讯微博上,中国电信除了企业账户,旗下的主要品牌都开通了微博,如天翼、爱音乐等。省级电信、地市级电信也都纷纷入驻,形成了一个规模化的团队。集团微博统一管理这些信息，使其符合公司整个运营政策；另外也会发布一些官方内容，组织品牌活动等；爱音乐微博因用户群针对年轻消费者，其内容主要跟音乐、年轻有活力的生活方式有关；而天翼微博则相对更商务，内容包括旅行中秘籍、保健、职场话题、人生感悟等，也会有诸如智能手机等产品的促销活动；各地的运营商的微博，则更注重在本地的销售，通常以发布套餐、活动以及业务指南等内容为主。微博还利用客服人员和用户互动，针对用户的使用、操作、资费等问题，第一时间作出回答。

一家亚洲知名汽车制造商为利用社交媒体，专门启动了一个全球社交媒体内容制造项目，负责设计图片和内容，制作一系列完整的故事素材，提供给社交媒体上的用户。

"社交媒体给了企业自己成为媒体的机会，可以制作内容，和消费者沟通。"鲍伯·皮卡德说道。传统媒体拥有最大化的媒体公信力，但是随着社交媒体的出现，很多公司已经不需要通过媒介与受众沟通了，它们可以直接达到自己的目标受众。

鲍伯·皮卡德还强调，与社交媒体打交道其实与传统媒体类似。在微博的平台上，企业同样需要主动找目标受众，并建立有效的交流和沟通，尽管技巧不同，但核心的战略是相同的。

眼下，互联网上什么最火，大部分人会认为是微博，微博因为及时和快速传播被越来越多的企业重视，在这拨热潮之下，很多企业也开始推出自己的企业微博，微博的营销力量有多大？伴随着社交媒体的快速发展，微博已经不仅是个人的及时信息发布系统，更演化成一种有效的营销工具。Dell、Vancl等企业都建立了自己的微博平台开展新形势下的互联网营销。

编辑我要说

微博可以推广企业网站，发布企业最新的动态、公布新产品或促销信息，激励粉丝留言或转发，以扩大影响面。微博的目的是沟通，为客户解决问题。

企业网络营销新渠道

似乎在一瞬间，中国的大企业和名人都将目光从传统媒介转向了微博。越来越多的企业发现了微博的价值，越来越多的名人和企业家在微博安营扎寨。

微博纵然有巨大的影响力，然而，并不是每个企业和名人都将被"关注"的价值发挥到了最大化。

2010年12月的一天，SOHO中国CEO张欣发了一条微博：我们刚把明年的推广预算给砍了，全力转向网络，再见纸媒！再见广告！

易凯资本首席执行官王冉则用《快公司》杂志上一篇讲美国市场营销和广告行业面临Twitter等新媒体冲击的文章中的一句话来回应：在未来，市场营销，只有没本事的才需要花钱去获得。

2010年5月，潘石屹和夫人张欣在长城脚下公社发起第一届微博大会，商界精英汇聚一堂，除了吃喝，每人都在低头发微博。

说到微博给自己带来的改变，SOHO中国董事长潘石屹更愿意说他把任志强带到了微博圈子里的典故：新浪微博在内测时，潘石屹在他的微博上写了他的一段故事，有很多网友转发和评论。潘石屹忐忑不安，于是给任志强发了一条短信："任总：介绍给你一个好东西——微博，外国人叫Twitter，网友称为'围脖'。比我几年前介绍给你的博客更好用。用手机就行，更适合您。"

于是，任志强开始一发不可收，减少了与媒体见面的环节，因为"什么都写在微博上了"。

商界另一大佬——王石的微博则时时彰显低碳、环保的概念，同时不忘代言"登山运动"，让人提到万科就会想到"绿色、健康"。

前不久,柳传志在联想投资的会上,强调"一定要好好利用微博这些新渠道做好联想投资的品牌。"

姬十三,科学松鼠会负责人,他运营的科学松鼠会需要即时、广泛的营销渠道,微博无疑满足了这一需求。"随便一个消息都能被转发上千次,这种速度和广度太强大了,还零成本。"

新东方董事长兼总裁俞敏洪在微博上的转发,教百万粉丝如何谈恋爱,如何找工作和创业,或者发表对人生的感慨。

有好事者说,看他一些字句整齐的对仗,肯定是有人在专门打理。

同样是有专人打理微博之嫌疑的站长老大蔡文胜,粉丝已过百万。一站长说:"他是站长老大,跟着他肯定没错。"

一直关注年轻人、关注创业的优米网创始人王利芬的微博偶尔会对电影进行评价:《非诚勿扰2》比1差了很多。"微博是一个让人真实表达的地方,喜不喜欢什么是个人的事,我只代表我啊。"她对记者说。

前不久,一则"盛大让员工甩卖产品"的帖子在微博风传。有网友指盛大要退出电子书市场。盛大文学CEO侯小强解释称,这是他们在采用新的营销模式,产品不仅通过公司卖,也要让全体员工卖,还要让数以千万计的微博博主为其营销,并让博主"坐等收钱"。

侯小强表示,每个参与推广的微博有着特定的编号,盛大的后台可以统计出每个编号推广出去的产品数量,网民很轻松就能拿到销售提成。

对于这种新的营销模式,业内专家予以肯定,但其公平性却广受网民质疑。

微博有着媒体的特性,广大用户在享受使用快感时,也不可避免地成为潜在营销对象。在很多广告营销商眼里,这已经成为一门新生意。

编辑我要说

只要一条信息发布出去,它就会像病毒一样传播,管理者不可能把所有人的微博删掉,它是现场直播,不可能事先审查。

企业的担心与害怕

网络营销的方法多种多样,但时下各企业最想尝试的一定是微博营销。随着微博的逐渐升温,微博营销已经成为当前网络推广的一个新的制高点,其即时性、高传播率、低花费都让现有的营销形式受到一定的冲击。我国微博用户数早已接近2亿,如此大的受众群反映了众多企业为何想通过微博营销的关键所在。

微博营销简单来说,就是企业把自己的产品及服务,通过140个字的描述,让拥有巨量粉丝的用户帮你转发,从而达到一个让所有粉丝都能看到的效果。

通常文字与广告不会有直接关系,只起到铺垫作用,最后的网址和图片才是广告正题。一般想做微博营销的企业都想尽可能的扩大宣传范围,大部分企业会选择超过几十万粉丝的账号进行辅助营销。微博营销受众那么多,但真正下手的企业却并不见多,这是为什么?

有些博主为了迎合企业需求高粉丝的要求,花钱买粉丝,这些买卖的粉丝,无疑绝大部分是僵尸粉,这些买来的粉丝只是一个数量,除了满足自己虚荣外,而对于企业广告的传播一点作用也没有。这种通过用户花少量的钱直接购买而来的"僵尸粉"、"活粉",已经呈病毒式开始扩散,成为微博营销中一个最大的毒瘤。

广告投放成功很重要的一个因素就是针对目标客户群进行精准营

销，但由于网络的虚拟性，我们无法了解每个帐号的粉丝构成水平，收入水平，购买力如何？所以目前微博营销无法做到精准。相比网盟的精准定位投放人群，反馈信息明确，微博营销目前无法做到这些。

微博营销并不是只通过一个粉丝过万或几十万的账号进行营销，因为只用一个账号营销的回报率与点击率可以说是微乎其微。但同时通过几个这样的大账号营销，效果就会好很多。那么找多少人合适？成本需要多少？转发几天？

微博营销通过账号粉丝的转发，来实现广告的传播。微博营销中即使找名人转发，最后转发的效果如何？多少2次转发？多少人看了微博会去关注产品？又有多少人购买了产品？无法衡量统计，效果完全无法评估。有些第一次营销后效果还过得去，但第二次利用同批账号营销发现后续力明显下降。因为微博人群心理目前还很难精准定位，只能根据其粉丝的微博类型大致分析。所以，微博营销稳定性还有待商榷及提升。

一般情况下，微博的粉丝数越多那么微博使用的时间也就越长。所以我们可以从他第一条微博发布的时间，跟当前微博粉丝数的关系就可以粗略判断是否是"僵尸粉"微博。一些通过刷来的虚假微博粉丝，大致有几个特点：1.没有头像。2.粉丝发布微博数很少。3.活跃度非常低。4.粉丝微博无简介。5.连续多页粉丝属性相同。6.粉丝当中几乎没有带认证的用户关注。另外，一个苦心经营的微博，博主都希望自己的微博勋章越多越好。往往一些"僵尸粉"微博的勋章通常就只有2~3个最基础的勋章，这样的微博也需要谨慎观察。

其实仔细研究，微波营销要实现精准营销也不太难。因为微博主题分类很细也很明确。所以企业在选择营销的博客帐号时，可以根据博主的博客类型来选择广告的投入类型。例如影视类微博投放影视广告，音乐类微博投入音乐广告，美容养生类微博投入美容产品的广告。这样一来，基本上可以针对目标客户群实现精准营销。

微博广告费用是按照发布条数来计算的，比如说100万的粉丝，直接发一条500元，转发一条400元等。企业可以根据微博营销的目标来确定所选帐号的级别,确定单条价格,再根据企业需要多少帐号,转播多少天来计算所需要的营销费用。

> **编辑我要说**
>
> 虽然微博营销这种新方式还存在很多问题,但我们不能阻止这个新鲜事物不断向前发展。微博营销会得到越来越多企业的关注。

微博影响企业的形象

　　别看微博信息只有短短的百十来个字,但是它对我们的生活和工作的影响是巨大的。微博的兴起,具有划时代的意义。老一辈的人,都习惯从电台、广播、传单上面获取新闻信息,父辈的一代,主要是从电视、报纸上获取新闻信息,而像我们新一代,则主要从互联网上获取信息。而微博现在正成为每个网民获取生活、政治信息的重要来源。

　　微博是新时代的产物,微博的出现,是对传统媒体的一种彻底颠覆。通过微博,你可以关注您想关心的人和事,取得对你最有用的信息,通过微博,你可以与任何人会话,不论这个人在什么角落、在什么地方,只要对方愿意和你沟通,这一切都可以实行。微博不是单向的传播信息,而是多向的,你的粉丝可以参与你正在跟某私人就某个话题进行的商议沟通,假如他愿意,他任何时间可以参加你们的商议。

正因为微博对我们生活的影响很大,所以,企业微博的网络营销就显得尤为重要,这里总结一下微博营销的功能。微博营销大致有:品牌传播、公司动态、新产品信息发布、顾客服务、建立顾客关系、网络公关、行业动态跟踪等作用,有些成功的企业微博甚至可以直接作为在线销售工具,通过微博实现网上销售。

目前大部分的企业或名人均已经率先建立自己的官方微博,并且获得很多用户的关注,企业微博也非常活跃。企业微博的目标,需要结合企业的网络营销环境并根据实际应用进程进行不断的调整和完善,可注重网络品牌,也可以注重客服服务,有些可能仅仅作为企业动态或公告信息的发布平台。

随着 3G 的普及,微博跨平台交互的功能将更加彰显,微博可以通过文字、图片、视频等展现形式对产品进行描述,以最快的速度在微博平台上得以传播,从而使潜在的消费者更形象直接地接受信息。

微博流行没有理由,本身就是最大的理由,因为它适应了用户互动交流的需求,顺应了信息传播方式大变革的趋势。存在就是合理,适者生存,作为互联网的一种最新应用模式,微博在中国已成燎原之势。微博介于互联网与移动网之间,无论在何时何地,用户都能及时发布消息。

上网看视频,发照片,上开心、人人网,玩休闲游戏,写博客,发微博,已经成为了时尚现代人生活不可分割的一部分。随着手机互联网的发展,微博客将拥有广阔的发展空间。此时,正是企业实施微博营销的最好契机。

微博客已成为一个天然的口碑传播平台,客户关系维护的营销工具。企业充分利用微博客来促进口碑传播,吸引更多的用户关注官方微博并成为官方微博的"粉丝"。谁更尊重用户,谁将赢得市场。

许多企业开始试水微博营销,借助微博快速宣传企业新闻、产品、文化等,对外提供一定的客户服务和技术支持反馈,形成企业对外信息发布的一个重要途径。通过微博客的平台,获得足够多的跟随者,企业得以与消费者形成良好的互动交流,逐步打造具有一定知名度的网络品牌。

企业实施微博营销过程中要适当控制发布频率,让企业微博每天能有十条左右的更新,不要使用自动更新的方式,而是人为选择一些让消费者感兴趣的话题进行更新。为了增加个性特色，可以选择一个个性的头像。

企业要最大限度的从微博中获益，应该有自己的观点并鼓励讨论，不断与新客户建立关系并寻找新的支持者。

> **编辑我要说**
>
> 建立属于自己的微博，由特定部门进行管理追踪，聆听消费者意见，并不断完善自我，可以树立良好的企业形象。

通过微博营销打造品牌

DCCI 数据显示，在 2010 年的 6 月，中国互联网完成了历史性的一跃，用户产生的内容流量超过网站专业制作内容流量，前者页面浏览量占互联网总流量的比例达到 50.7%，后者为 47.32%。博客、论坛、SNS、问答等应用的流量份额超过了新闻、搜索、电子商务等关键领域的总和，用户创造网络，2.0 正式超越 1.0。而微博，则是目前最能代表 2.0 的媒体。

这个趋势显然要继续下去，对不少人而言，现在最快能了解到的新闻已经不再是电视和报纸，甚至也不是网站的编辑内容，而是微博。

触角敏锐的企业关注到了这些变化，设置官方微博的企业也与日俱增，但坦率地说，现在真正能做好微博营销的企业凤毛麟角。在这方面，大多数公关公司也是手段乏力，如果说在 1.0 时代，它们还能发些网络软文，做些置顶、跟帖之类的话,那么在自媒体时代,包括 4A 在内的这些公司就是彻底失语了。究其原因,是自媒体是"我"的媒体,而不是一个可以任意强加意见给人的媒体。

微博这种媒体的特性和以往所有媒体都有着很大的不同,"我"即是媒体的编辑者,又是媒体的生产者,还是内容的评论者和传播者。"我"所选择的"关注",产生了媒体的内容,同时,"我"又被粉丝所选择,成为别人自媒体的生产者。最关键的是,"我"的评论与转发,与其他人形成了强大的信息洪流。自媒体的特性,是以"我"为中心形成的碎片化传播,但这些碎片,有时候也能形成强大的传播导向。这种自媒体同时又具有维基的特性:群体能力超越个人能力。庞大的业余爱好者所产生的维基内容,超越大英百科全书,同样的,上千万微博产生的内容,也远胜 1.0 时代的任何媒体。

对于营销人而言,这样的时代是一次重大的挑战,也是重大的机会。人类正在从大众市场跨越到个性市场,在大众市场中,工厂是生产和就业的中心,工人们按照工作流程和组织规范被安排在一起,这种市场方式需要的是集体合作、统一性和服从。

长尾经济最大的受益者当属信息产品和数字产品。实际上,新闻媒体也在呈现这种长尾的变化。2.0 媒体时代的新闻,是典型的长尾化新闻,虽然,新浪微博只允许关注 2000 个人,但如果把 2000 个人理解成 2000 个媒体的话,事实上这已经是一个很庞大的数量级。但与传统媒体不同的是,你可以随时关注,随时取消,主动权都在"你"的手上。

营销人在 2.0 时代最容易犯的错误是用 1.0 的思维去运营 2.0 的营销。时代已经改变了,2.0 时代,一个官方微博的声音是渺小的,你必须融入一群人之中,你的声音必须获得"粉丝"们的共鸣。许多官方微博现在都只是一个布告牌,发些公司消息,实际上,这是错误的,微博所代表的是"你"的时代,它必然是以个人的模式出现的。官方微博实际上是一个假面具,而粉丝并不喜欢这样的假面具,我相信,揭开假面具看背后的人,对官方微博的推广会更有利。除非,这个微博有一个非常明确的有益于粉丝的诉求。

与传统营销不同的是,在这样的模式中,营销者本身所发的消息是不容易被控制的,因为在微博的使用中,除了转发功能,还有评论功能。评论功能能让微博的内容生成为一个新的内容,尤其是重要人物的转发,完全可能让微博内容出现一次甚至多次的重大改变。事实上,这正是2.0营销的奇特之处:由消费者决定。同时,营销者需要面对的是,这种情形是不可能被改变的。

所以,从本质上说,2.0时代最重要的核心又重新回归到了营销的原点:产品和服务。任何王婆卖瓜式的自吹自擂都是没有用的,策划大师也可以退休了。

> **编辑我要说**
>
> 只有你的产品做得足够让消费者满意,你的服务让消费者真心喜欢,你的传播才可能正面扩散,否则,可能扩散的就是对你的批评和责骂。

微博营销的出路

微博,这两年互联网最新兴的产物,如今也是互联网上最受宠的弄潮儿,其炙热程度简直让许多人都不敢想象。微博为何如此受宠?一是其自身有着天然的优势,具有及时性、双向互动性、快速裂变传播性、简单快捷的随时随地多设备发布信息,这是其他网介平台不具备的优点;二是其出现的时机比较合适,满足了广大网民及时互动、社交化的迫切需求;三是智能手机的普及,为其随时随地发布简单的内容提供了良好的机遇和条件。

随着微博的火热盛行,微博营销已成为企业树立知名度、品牌和产品销售必备的网络营销手段之一。可是,企业微博营销究竟该怎么做?企业微博营销,路在何方?却困扰着不少企业。许多公司和企业都看到了微博这一媒介的好处,相信微博肯定能给自己企业带来巨大的价值,也纷纷效仿别的企业涉入了微博营销这个行业,甚至专设了微博营销岗位。

但绝大多数的企业微博都还在处于萌芽状态,或者说只是摆设,只是表明自己也不甘落后,符合时代潮流而已,微博几乎没怎么维护,没有微博内容,没有多少粉丝,更没有多少互动,有的甚至可以说就是一个僵尸微博。

也有不少的企业在努力去做微博,每天大量的发公司产品信息与广告、每天不停地去为增加粉丝互粉等,可收效甚微,产品销售没一点增加,粉丝不但不增加反而有所减少,让不少企业和微博人员泄了气,不知道微博营销究竟该怎么弄,陷入了一片迷茫之中,很让人头疼。很多企业老总都在探讨,企业微博营销之路,究竟在何方?

为什么有很多公司都很卖力去弄微博营销了,却绝大部分都没弄好呢?其中有很多原因,一是现在微博的确没有那么好做了,新浪和腾讯微博都管得非常严格,限制较多了;二是微博是一个长期的过程,而且是一个非常耗时的过程,需要有强大的耐心、恒心和毅力才行;三是微博内容的策划和撰写、发布需要一定的技巧、方法、经验、技能才行,一味无端去发广告反而起到相反的效果;四是负责微博运营的人要对微博热爱,有兴趣才行。

由于以上诸多原因,很多公司都不会具备,所以弄不好。要弄好微博,就得解决上述一系列的问题才行,如何解决呢?当然需安排合适的人做合适的事,需要有对微博非常感兴趣而且又有恒心和耐力、毅力的弄营销手法的人去做才行,但并不是每个公司都有这样合适的人,为此,可以将这一微博营销业务进行托管外包出去,正因为有如此的需求,催生了现在一些专业从事微博托管维护的团体和公司,他们有专业的团队,有丰富的微博运营经验,比自己公司做起来效果好多了,而且成本也低多了。

企业微博营销的最佳方法,其实就是找专业的微博托管维护机构进行,毕竟微博营销不同于其他网络营销方式,微博营销是一个长期的、耗时的、又需技能和方法的事情。

事实上,对于微博营销来说,抓住真实的投资者需求才是关键。目前,如果仅从粉丝人数上看,基金公司官方微博和传媒等其他行业还有很大差距。所以,微博营销尚处于摸索阶段,与投资者直接产生互动还有距离,发展之路依然漫长。

> **编辑我要说**
>
> 企业微博营销,路在何方?或许找合适的专业微博托管维护机构才是最终选择。

企业与消费者的新关系

你在菜市场上买菜,人们讲究的是一分钱一分货,讲究的是钱货两清,这是理所应当的,不存在情感因素在里面,也就是,你不会在买完菜后感激对方,更不会临走为了那五个茄子两根黄瓜给对方一个热情洋溢的拥抱。因为,这里是市场规范,是严格的市场契约关系。可是反过来,你的一个多年好友帮了你一个忙,事后,你骄傲地拿出一叠钱给他,你说:"咱们两清了。"结果会如何?再比如,你和你的女友去看了场午夜电影,你们沉浸在那个感人的爱情故事里,分手时,你深情地吻了她,然后,你掏出十块钱来塞到她手里,温柔地说:这个吻十块可以吗?我们下次什么时候见?

你认为，还有下次吗？毋庸置疑，当你用社会规范去处理本应由市场规范处理的问题时，你很可能被送进精神病院，而当你用市场规范去处理本应由社会规范处理的问题时，你的下场很可能是被打得头破血流。这也就是，很多人都知道，有相当多的东西，不是可以用金钱手段（或其他商业手段）来得到的，比如上面提到的友情、爱情以及没有提到的亲情。

推广开来，企业和消费者间在本质上到底是什么关系？答：市场规范下的商业关系、买卖关系。这个回答可能让很多企业开始怀疑它们能否在微博上与消费者建立更进一步的情感交融，而那些更聪明的企业家或营销者可能已经在想，花点钱，有没有可能买到社会规范下的那种友情关系呢？

微博究竟是什么？微博是一种社会化媒体，在很大程度上，它必然是一个社会规范下的公共环境，要不，它怎么就叫社会化媒体？如果我没有过分想当然的话，微博在中国，甚至起了一个在美国都没有起到的作用，它在用大众的力量重塑社会规范。

当然我们不是没有担心，有些微博平台，出于急功近利的目的，对微博进行过于市场化的操作，比如，只拼命地拉企业进来，而没有告诉企业，在这里，应该怎么做才能符合一个社会规范下的公共环境的生态平衡的需要。如果这种急功近利不能得以适当的控制，那微博平台在不远的将来也将被那些无度无序的市场规范所吞没，神奇也许将再现。又是题外话，打住。

现在我们知道企业与消费者间，是买卖关系。而微博是社会规范下的公共环境。企业还有没有可能在微博上与消费者建立更融洽的，区别于买卖关系的社会关系呢？实际上，这里还有个时间与情商的问题。还是那个菜市场，你买菜，你第一次买，你们是买卖关系，你越来越多次的来买，你开始跟卖菜的人熟悉起来，当然，买卖时，你们还是市场契约关系，但人与人之间，已经可能有友谊存在了，尤其一个高情商的人，可能比较快的，就在买卖关系以外，又发展出了社会关系了，你相信吗？

也就是，你们可能在买卖以外，开始谈论几句其他的事情，然后，你们熟悉起来，双方有了互相帮助的可能，而这种帮助，将是基于社会规范的，你们将不再计较利益得失。这与前面说的并不矛盾，你还是不能白拿人家的菜,市场规范,还是市场规范但人际间,我们有了人情味。这就是我们人类,我们生活在两个世界,一个要符合社会规范,一个要符合市场规范。我们自然而然地分清其间的界限。

在微博营销当中,如果想与消费者建立一种新的,更融洽的类似朋友的关系,我们首先需要了解微博的本质,这里是建立社会关系的场所,这个场所,可以为企业提供一个机会,让企业第一次地、真正地与消费者们进行面对面的沟通,以往,找到这样一个场所是很困难的;其次,沟通可以让你和消费者间熟悉起来,

> **编辑我要说**
> 社会规范下的信赖,是逐步建立的,微博粉丝可能还不是朋友,沟通并熟悉后,才可能是朋友。

微博营销也有假冒伪劣

短短两三年时间,开通微博、聚拢粉丝、策划活动,在企业界已经发展为一种潮流。然而,被商业利益所诱惑,恶意炒作、买卖僵尸粉丝、散布不实信息忽悠网民等不良现象也迅速滋生蔓延,由此产生的负面作用让微博营销演变成一把双刃剑。

微博的低门槛以及自媒体特性为企业营销打开方便之门。作为一种新兴的企业营销方式,微博能够迅速传递企业声音,拉近企业与终端消费

者之间的距离,挖掘潜在用户。如何使微博营销健康有序地发展,成为社会各界关注的焦点。

微博虽小,却能够让企业与网民之间迅速沟通。目前,开通微博的网民数量大约有3亿。在"网民皆微博"的大形势下,微博的营销价值随之凸显。

来自一些第三方机构的数据显示,国内的企业微博有数千家。不过,新浪、腾讯、搜狐等门户网站公布的数据远远超过这个数字。仅新浪一家就宣称,已经有3万家企业入驻新浪微博企业版。另外,还有大量所谓"名博"、"牛博"、"草根名博"等,表面看似与企业无关,实则幕后均有企业支持。

尽管微博被越来越多的企业所看重,已经成为企业营销的重要阵地,但是,微博不断爆出的负面消息却让网民对微博的信任度大打折扣。许多企业频繁利用微博开展互动抽奖、互动征文、有奖游戏等营销活动,在短时间内吸引了不少眼球。但是,网民不久就发现,某些抽奖、有奖转发活动是精心策划的一场骗局。或许由于缺乏透明度,中奖率不高,网民对此类抽奖活动很快产生厌倦。"我不太看好企业微博。不是说微博这个形式不好,而是企业通常会急功近利,把经念歪了。"一位网民说。

目前来看,企业微博营销碰到两大难题:一是如何找到目标客户,二是如何将客户组织起来。北京口碑互动营销策划有限公司高级战略副总裁郑治认为,微博必须依靠内容来找用户,帮助用户解决他们所关心的问题,并且拟定操作性强、效率高的策划方案,以此建立权威信任感。

据说,淘宝火爆的时候,网店主为了增加信用度,便开始花钱刷信用。那时候,只要你登录旺旺,就会有陌生人问你要不要刷钻服务?据说这个工作养活了一大批人。博客火了,结果又出现了刷博客的第三方服务,刷1万次5元,只要你登录新浪等各大博客,就会有人给你留言或者发纸条,问需不需要刷博客?无论是刷淘宝信用,还是刷博客,都是为了利益,都是一种欺诈行为,一个是为了更多卖货,而刷博客的原因很多,一方面是为了显摆自己,也有人是为了刷到一定数量之后能有软文可写,还有就是为了欺骗软文客户,有意将流量刷的很高,以谋取更高的稿酬。

有人对此很不理解,因为刷微博没什么作用啊?作用其实很简单,一方面虚荣心使然,很多人想感受万人敬仰的感觉,所以甘愿掩耳盗铃。另一方面，也有些人为了显示自己的地位，将微博粉丝数量作为向客户炫耀的资本，从而从客户那里获得项目，所以需要刷粉丝，需要掩耳盗铃，需要欺骗客户。

无论是刷信用，还是刷博客，还是刷微博，都是弄虚作假，其目的也多为了利益。由于这种虚假动作太猖狂，淘宝开始打击刷信用店主，新浪和腾讯博客开始通过技术限制刷博客，甚至以降级来处理刷博客者。现在又有人开始刷微博粉丝，我想相关的应对措施，各大微博网站也需要准备一下了，否则真的有违微博秩序，真的很乌烟瘴气。

微博被认为是最佳的营销工具，因为可以一呼百应。但是，微博营销需要规范，有待公证机关介入。

微博营销不能违法

前一段时间，新浪微博一个叫"郭美美Baby"的网民蹿红网络。这个自称"住大别墅、开玛莎拉蒂"的20岁女孩，其微博认证的身份居然是"中国红十字会商业总经理"。这一消息经网民疯狂转发后，网络形成一场"人肉'郭美美'"的微博事件。最终，"郭美美"承认身份为假，新浪网也第一时间取消了她的微博认证。

新浪微博一向承诺注册微博人员的身份都是真实的，为何"郭美美"

却"披"上了"迷彩装"？对"郭美美事件","鞭牛市"等不少网民直指此事件缘自新浪微博的认证混乱、尺度"太过随意"。网民不禁发问：到底还有多少个"郭美美"在微博中潜伏？微博时代的信息又隐藏着多少虚假内容？微博认证到底是否可信？里面有没有猫腻？带着网民的疑问,新华社"中国网事"记者对微博认证的乱象进行了调查。

为避免身份混淆、引起公众误解,新浪微博实行名人、机构企业身份认证策略。新浪规定,只有在某领域有一定知名度和影响力的人方有资格参与认证。

针对"郭美美"认证身份造假,新浪微博事业部副总经理曹增辉22日对"中国网事"记者表示,此次事件是用户在线上修改认证信息时,新浪工作人员未按流程去做,在审核过程中没有严格把关。但"这只是一个个案,之前从未出现过类似情况"。

然而,"中国网事"记者23日在"58同城"网站看到,诸多卖家发帖称："提供代理微博官方认证,无论新浪、腾讯、搜狐、网易,统统能搞定。只有你想不到的,没有我们做不到的。"

在淘宝网上,记者搜索"微博营销"字样后,"加微博粉丝""微博加'V'认证""进名人堂"等网店卖家比比皆是。

此外,不少门户网站内部员工对于微博用户认证都有数量要求,"鼓励"身边亲朋好友微博加"V"成为微博推广的第一道任务,完不成任务就会视情节轻重予以批评。

"微博时代,有人图虚荣,有人为行销。"中国人民大学社会学系教授周孝正认为,一系列"傍微博发财"的现象应运而生,不仅满足了一些人的虚荣心,也让网络信息越来越真假难辨。

针对"郭美美事件"所暴露出的微博营销乱象,不少专家表示"这已经踩到法律的红线"。"郭本人申请将认证说明更改为'红十字会商业总经理'的行为,是严重的违法行为和侵权行为。"福州大学法学院教授汤黎虹说,"新浪网是一家服务于中国内地及全球华人社群的领先在线媒体及增值资讯服务提供商,有义务提供真实资讯。在这一事件中,中国红十字会要求新浪微博停止用此微博,是合法的。新浪微博管理团队承认工作失误,没有进行严格审核并深表歉意,也是必要的。但新浪微博管理团队应承担相应的法律责任。"

据了解,《中华人民共和国红十字会法》、《中华人民共和国商标法》、《中华人民共和国红十字标志使用办法》等法律法规均规定,严格限制第三方在未经许可的情况下使用"红十字"标志与名称。

针对追责中的具体法律要求,中央民族大学法学院教授张步峰认为,根据《中华人民共和国行政处罚法》规定,公安机关对"郭美美"处以警告或者停机整顿的处罚是必须履行的责任;按照有关规定,如果郭美美隐藏起来,公安机关可以采取侦查措施,否则属于不作为。

编辑我要说

各商业网站已经开始了激烈的微博市场的竞争,企图到时候在财务报表上体现出业绩,但这种竞争如果屡屡踩踏法律和道德底线的话,无疑是自废武功。

第七章

微博营销不是一言堂

微博在国内已经形成气候,也正逐渐成为互联网业最热门的应用。微博在网民这一端的发展和应用已经日渐成熟,但是多数企业在应用层面依然处于探索阶段。很多企业都开设了官方微博,并鼓励粉丝参与话题,但总体效果却差强人意,粉丝数量超过一万的企业都寥寥无几,只有不多的企业微博案例堪称经典。

营销不能没有倾听

2005年6月,美国互联网作家杰夫·贾维斯在自己的博客上发了一篇博文,题目是《戴尔真烂》,内容是说他买了一台戴尔电脑,并且花钱买了4年的上门服务。但是买回来一看是次品,于是就要求上门维修。戴尔的回复是需要用户自己送到公司来,并且时间是7~10天。

于是贾维斯生气了,在自己的博客上说:"戴尔真烂!戴尔撒谎!请把这两句话放进你们的谷歌搜索中,让戴尔大曝于天下吧!"

戴尔看到了这篇博文,但是他们犯了一个错误,他们说:"对于博客,我们只看不理。"就是说,戴尔没有学会倾听。

于是受众发怒了。受众发怒的办法就是在各种媒体(包括自媒体)上发布声讨的帖子,帖子多到铺天盖地的程度。受众甚至创造了一种互联网语言,把那种架子大、不接受倾听的现象调侃为:"你被戴尔了!"

更为糟糕的是,同一篇抱怨的文章积累到上万的数量以后,搜索网站的蜘蛛爬行也会疯狂,它们让这样的文章不断排名靠前,占领了戴尔关键字的首页。戴尔的活力开始下降,用户的满意度也跟着下滑。这就是美国互联网历史上著名的"戴尔之痛"。

2006年7月,戴尔开设了自己的博客,"直通戴尔",首席博主链接并且回应对戴尔提出批评的受众,他开诚布公地表示:"我们是真诚的人,我们愿意倾听。"

此后,戴尔开始学习倾听。就在同一个月,即2006年的7月,Twitter正式向公众开放。戴尔吸取了教训,认真研究Twitter的本质和它的特点。戴尔公司在最初并没有想利用Twitter赚钱,只是想将它当做一个倾听的渠道，他们总结自己的教训，研究了 Twitter 的倾听特质，并努力转化为自己公司的文化。

几年以后，戴尔在 Twitter 上学会了倾听，并且第一个成为在 Twitter 上实现销售的公司。

开始的时候，戴尔并不知道用 140 个字符在 Twitter 上面该发布什么。他们尝试着发布公司的新闻、动态、产品广告、打折信息等。在这个过程中，戴尔发现这些内容，最能赢得粉丝好感的、获得最多关注的还是商品打折信息。于是戴尔决定专门针对 Twitter 用户有序地发布打折消息，这是很关键的一步。这种一传十、十传百的平台特征，使得戴尔的粉丝开始陡增，而媒体发现了这样的新闻也主动要求报道，戴尔由此获得了更多用户的关注。

微博可以发企业产品广告吗？粉丝会反感吗？戴尔对此确实有过思考。他们最后得出的结论是，通过 Twitter 向用户滥发广告会使用户取消对你的关注，你也会很快被遗忘。戴尔开始格外关注每条信息的质量和它的特殊性，不会滥发信息，但会着重精选粉丝关注的促销信息，并且要以用户能够接受的表达方式进行。

最终，戴尔确定了在 Twitter 可以发布的四类信息，即公司新闻、打折信息、博客账户、社区账户，戴尔知道自己应该怎么发信息了。

戴尔认为，一个企业在 Twitter 上发出的信息，即便是广告信息也会有需求，但那是少数人。企业在微博上发布信息，一定要照顾更多的、那些不愿意看广告的受众的倾听特点。戴尔的做法是建立不同定位的企业 Twitter 账号，让不同内容的信息各走各的道，来和全球各地的有不同需求的用户进行交流，既满足了他们中的这一部分群体，又不让他们中的另一部分群体受到骚扰。

从布局上，戴尔创造性地确定了一个微博的多样化战略，就是实行多个不同的账号说话。如果用户只是想找打折信息，可以关注 @DellOut。如果只想了解戴尔的突发新闻，便可以关注 @Direct2Dell；为了迎合用户的兴趣，戴尔还专门设立推广用的 Twitter 账户，为那些对此感兴趣的用户提供纯粹的推广信息；最后，戴尔的分类企业 Twitter 达到 80 多个，有 100

多名戴尔员工使用不同定位的Twitter账号和用户交流。

自此,戴尔已经从"戴尔之痛"中走了出来,他们的战略是借助Twitter与用户建立更好的关系,让受众有选择权和控制权,让受众对戴尔有好感,并最终达到提升销量的目标。

> **编辑我要说**
> 能够认真倾听客户的各种评论,甚至是批评,是包括微博营销在内的所有营销的基础。

在微博上讲故事

企业在互联网上讲述故事,有两个最好的载体,一个是企业博客,一个就是企业微博。这两个载体各有不同的特点,简单讲,企业博客是以记录完整信息为核心,企业微博是以传播碎片信息为核心,两者是相得益彰的,如果配合起来用,效果会更好。所以也有一种形象的说法,企业博客是比较稳定的卫星,而企业微博则是捕捉流星雨信息的最好"工厂"。那么,企业微博是怎么捕捉流星雨信息的呢?

黑黛公司在新浪上开微博以后,发展很快,目前他们在全国各地已经有近20个城市服务中心了,每个服务中心都有自己的微博。黑黛公司每天在微博上不断讲述脱发人增添头发以后恢复信心的微故事,这样的微故事越来越多。在微博上传播这样的微故事,它究竟有什么样的意义?

一位发型师,因为脱发问题丢了工作与自信,对生活失去希望。偶然一次知道了黑黛公司,在专家的帮助下又"长"出了一头乌黑浓密的秀发,还被黑黛聘用，又成为了一名发型师。同时，在美丽的西湖之畔认识了一位杭州姑娘，成就了自己的美好姻缘。感谢黑黛，希望它能帮助更多的人。

上海伟雅看到这个微故事以后，马上写了一段评论：这个故事真好，也美。黑黛是创造故事、创造美的平台，黑黛是一本书。

他又找到黑黛公司罗林川董事长的微博，跟帖说："罗总，我觉得我们的微博之路走得很有感觉。我很喜欢这样的表达方式，它不是一种赤裸裸的产品推广，而是包含着产品新概念新理念的传播，是一种别人不易察觉的产品知识的传播，也是一种美的传播。它是润物细无声的。我看好这样的微博。"

这样的微故事在黑黛公司多吗？有很多自多，从董事长、总经理到各地服务中心的经理甚至到员工，都有这样故事。他们用这样的故事帮助秃发人恢复自信，并且也靠这样的故事激励了分散在全国各地的员工，一起开拓黑黛的事业。

从黑黛的这种模式中讨论了另外一个问题，就是这种看起来碎片化的微博故事，它会发展成为什么样子？

应该说，微博有它的实时性、简单性、方便性的特点，这样的特点让以140个字写微型网商故事变得很容易，相信普通员工都能够胜任的。上海伟雅认为，微博的出现一定会促进微故事的发展，成为一种新的故事分类和新的文学载体。其实微博就是一种记录琐碎的载体。

我们现在可以看到信息在互联网上的形成过程。在微博里、在QQ里，信息以短暂的方法耀眼，当然大多数是不耀眼的。然后有一种跟帖、评论的方法，或者是转发的方法，让这样的闪亮多次出现。聪明的作者就应该整理它们，用一个好标题固定在自己的博客上。

但是发展到这一步还是不够的。博客的一个作用，就是在信息的传播过程中上了一级台阶后停顿一下，它需要张望和等候，让一些跨媒体注意到自己，再次转载出去。这些跨媒体包括出书、报纸、杂志、会议、讲演、动漫、电视、电影等，完成这样一个过程才是信息传播的极致。也许，一个人一辈子做的就是这样一件事情：一只手在做事业，另一只手在传播关于事业的信息。

信息实际有一个生产过程、建设过程。在整个建设过程中,它需要有若干个"工厂"来分阶段完成建设任务。过去只有博客这样一个建设"工厂"是不够的,微博的诞生又增加了一个"工厂",微博这个"工厂"要完成的任务是在博客文章形成以前的信息搜集和传播。但是在整个过程中可能还需要再有几个"工厂"。

最初的阶段,关系到某个主题的信息很像是流星雨,满天皆是,但是转瞬即逝,然后它突然又在哪个地方冒了出来。在这个阶段,微博是捕捉这种"流星雨"信息的最好的"工厂"。

> **编辑我要说**
> 在微博上出现的海量的碎碎语信息,里面蕴藏着许多矿藏,其实都是故事。

组织话题讨论

中小企业可以通过搜索、对话、奖励、话题、活动等多种方法取得和自己潜在客户的联系,其中话题的作用应该是第一位的。话题选择得成功,参与的人会更多,最后目标受众也会更多。

话题要选择得好,需要注意以下四个问题。第一,话题的选择要考虑有兴趣参与的人越多越好,最好是社会话题。第二,这个话题要和宣传企业相关,即在参与者中的目标客户比例比较高。第三,话题的门槛要低,以使参与者进入以后感觉轻松。第四,如果活动带有奖品效果会更好。

看看大韩航空的微博营销,大韩航空将一次营销活动分为三个阶段:

第一个阶段是在新浪微博上发布活动新闻;第二阶段是用 1 天时间征选 3 位新浪微博博主;第三阶段是 3 位博主在韩国济州岛进行三天两夜的旅游,新浪微博将 72 小时跟踪网络直播。

大韩航空显然要求在本次活动中达到三个宣传目的——宣传大韩航空,宣传济州岛,宣传新浪微博。在这三个宣传目的中,最主要的是隐性宣传济州岛。

此次活动大韩航空与济州岛旅游局以及新浪微博合作,从 4 月 12 日开始公开征选喜爱旅游的新浪微博博主赴济州岛参与网络直播……本次的博主征选从 4 月 12 日开始,持续一个星期,大韩航空于 4 月 19 日宣布获奖博主。入选博主将于 5 月 10 日至 12 日赴济州岛开始完美之旅。

接着,大韩航空又借用新浪平台用软文方式介绍了自己。这样的文字几乎和广告一样,后面还链接了大韩航空公司的网站。

在整个为期 7 天的评选活动中,以及后来的 72 小时的网络直播中,不仅宣传了大韩航空和济州岛,同时也宣传了新浪微博。

这次大韩航空在新浪微博上的营销活动基本上是一次成功的策划,尤其是整个旅游内容的安排,充满了企业想要表达的话题。如果仅仅是海滩的话题,那么世界许多国家都有,但是大韩航空推出的是韩国才有的甚至是济州岛地区才有的旅游内容,特别是机场和牧场的参观;同时,这些内容由微博博主来讲述,也会更真实地说明大韩航空的航行安全和美味饮食。

从表面上看,这是一次即兴的微博活动,但是我们从细微处可以看出,每一个旅游项目其实都是一个"预先安排和策划好的"话题,顺着这些系列的话题,在中国最有人气的微博网站上,会连续十几天形成热门话题,每个话题都是由韩国人精心设计而由中国人描绘出来的软文广告。

新浪微博上人气博主张小盒、林小静、Nola 最后应邀体验了济州岛的旖旎风光,并通过新浪微博全程直播了此次旅行。

这三位博主在实际上起到了大韩航空的"宣传大使"的作用,他们回复了网友的大量问题,如济州岛旅游不用签证等。这次活动中的话题以后真的得到了网友的响应,一位网友甚至将自己在旅游韩国济州岛 3 天里所吃过的各种美食全部晒到网上,为有兴趣的旅游者提供了一份食谱。

社交媒体有一个显著的特点,人们之间的交流是有内容的交流,这种内容最好是共同关心的,大家有话可说的。因此,一般都会选择热点话题,最好是和新浪微博上的热点话题相通的,这样就可以将参与话题的网友中的许多人转化为自己的粉丝。

> 如果在微博上组织更大范围的互动,方法就是话题讨论。好的话题是要经过团队的头脑风暴才能产生的。

策划各种创意活动

北京酷绅服装有限公司是一家定位团体服装定制和个人服装定制的企业,企业有两个品牌:一个是酷绅,做团体服装定制;另一个是型牌男装,做在线服装定制。企业文化表现在内部的沟通上,每年的晚会是企业文化的一种愉悦表现。

总经理黄岳南对微博有浓厚的兴趣,决定将企业在2009年最后一天举办的晚会放到新浪微博上,展示企业在晚会上的文化,同时他也邀请在微博上的博友参加直播中的晚会。方法是将微博活动的话题确定为北京酷绅服装有限公司元旦联欢会微博现场。

当天北京酷绅服装有限公司的员工携部分家属到场,400余人欢聚一堂。为这个晚会,公司准备了一个多月时间,将用微博和博客实时转播,以增加晚会的神秘色彩,计划于2009年12月31日上午9点开始为博友直播。上午直播内容是化妆、幕后、舞台等花絮,下午 2 点联欢会正式开始。晚会由 3 名摄影师和 5 名员工负责现场微博报道,@ 型牌男装的微博报道现场节目,@ 酷绅职业装的微博即时报道晚会各种花絮,企业博客也将和微博一起同步报道晚会盛况。

从下午 2 点半开始,会场开始了各种现场有奖活动,微博上同步开始网上秒杀获奖活动,每半小时一次,到 6 点共进行 8 次秒杀活动,发奖 8 次,每次是一张价值 500 元的网上服装购物卡。据 10 个小时统计(12 月 31 日早上 8 点到晚上 6 点),这次晚会共有 1900 条以上相关微博发出,整个活动被转发 2000 多次,有数不清的评论,还有无数人的围观,发出 8 个大奖。从下午 3 点开始,晚会活动成为新浪微博热事件,其中有 1 个小时排名第一。晚会是在下午 6 点结束的。

北京酷绅服装有限公司利用微博晚会这种形式,让员工、客户及关注企业的博友同乐,并且在同乐的过程中互动,增进彼此的了解,不仅新鲜,也很有效果。企业文化就在这样的过程中传播开来。这也许是历史上第一次企业新年微博晚会,至少对于新浪微博来说是第一次。

这个活动主要是从劳动价值方面考虑。北京酷绅服装有限公司在经营了十多年的团体职业装定制之后,推出了互联网商务装定制品牌"型牌男装"。这个品牌通过首创密码定制法(不需面对面量体,也能做到合体),第一个建立"决定制"模式,为广大商务男士提供"快定制,快时尚"的商务装定制服务。通过让型牌男装的产品更时尚、服务更有技术含量、品牌更有文化内涵来提高附加值,提高全员劳动生产效率,做到让劳动更值钱。

通过这样一个活动,北京酷绅服装有限公司希望能够倡导全社会,尤其是劳动密集型产业和相关劳动者,加快转型升级,提高附加值,让劳动者单位时间的劳动价值更高。

为了引导更多的博友了解北京酷绅服装有限公司在提高附加值及全员劳动生产效率方面所做的努力,活动期间有许多篇博文推出,涉及酷绅公司在提高科技含量、采用新型面料、低碳生活、劳动环境、网购文化、快定制衣时尚、科技以人为本、新设备的使用、环保材料降解包装、酷绅公司的先进劳动者代表、公司获得的各种荣誉证书等方面的故事,这些博文再以 100 多字加博文链接在微博上与博友们分享。

　　活动的奖品也非常有吸引力。考虑到型牌男装的品牌定位，所有奖品都选择了高端时尚的用品，比如卡西欧男表、派克笔、乐扣乐扣环保陶瓷杯、zippo 打火机、哈迪森男士名片夹、瑞士军刀、菲拉格男士香水、卡西欧女表等，为了刺激大家参与的热情，还增加了一台上网本作为人气大奖……

　　一个人或者一个企业，在微博上做营销，一定是希望参与的人越多越好。微博这个平台能够提供的是海量的博友，但是他们中间哪些人会靠拢你，哪些人会被你粘住，哪些人又会在将来成为你的目标客户，那就要看你的定位和方法了。

> **编辑我要说**
>
> 　　如果一个活动的策划有创意，能够吸引人，再加上定位准确，通过这个活动寻找和发现了一批目标客户，这样的活动就是有效的。

不要忘记或遗漏小众客户

　　小众产品是指小众需求的产品，这种产品的特点是客户分散、需求表现分散、信息也分散。如果靠传统广告为这种产品寻找受众，好比大炮打蚊子。因此在互联网以前，许多小众产品因为找不到客户，或者是找客户的成本过高，特别是商品的陈列成本过高，不得不退出市场，被"隐藏"起来,等待条件合适了再进入市场。

到了互联网时代,寻找客户的成本大大降低,特别是商品的陈列成本几乎为零,许多曾被"尘封"起来的小众产品枯木逢春,有了重新进入市场的可能。网络上有许多新的工具可以帮助客户轻松找到小众产品,以微博平台为例,我们可以看到有专题功能、对话功能、转发功能、群组功能、搜索功能,它们都为分散信息的分类和聚合创造了条件。微博平台上各种互动工具的综合使用,可以帮助企业进一步筛选和梳理客户群体,将一般客户分流出潜在客户,将潜在客户培养成为精确客户,将精确客户粘结为忠诚客户。

在中小企业的微博营销中,已经有了许多快消品和时尚产品获得营销成功的案例,但是对于小众产品的营销还处在试验和实践之间。

淘宝网上有一个名叫藏壶者的紫砂壶专卖店,已经3皇冠了,做了47300笔交易,是淘宝网上紫砂壶产品分类里的销售冠军。藏壶者销售的紫砂壶是一种收藏品,十分小众,一只紫砂壶的零售价从四五百元到数万元不等,而藏壶者在淘宝网上的零售方法主要是"一元拍",就是从一元起价开始拍卖。他敢于采用这样的拍卖方法,就是因为他已经组建起一个喜欢紫砂壶收藏品的小众群体了。

眼下,藏壶者网店积累超过3万用户,其中90%的客户购买紫砂壶是为了收藏,其中又有30%(大约8000人)会经常在淘宝网上泡着,到处看,随意看,看见自己喜欢的壶就抢拍,到了上瘾的程度。购买藏壶者网店里产品的顾客总计消费10万元以上的有82人,有2个顶级客户,累计购物金额都超过40万元,一个客户购买了藏壶者网店里的200只壶,另外一个购买了藏壶者的600只壶。这样的优良小众群体,反过来又促进了藏壶者的专业服务。现在他使用最好的原矿泥料,并且和宜兴一批最有发展潜力的紫砂壶制作者合作,其中国家级高级工艺师17人,国家级工艺师22人。藏壶者这样做,目的正是为自己的小众客户供应更有升值潜力的收藏品。

通过了解和分析藏壶者在网络上的推广方法可以发现,他基本不做广告。每当互联网上出现一些社会化营销的新工具的时候,他都会敏锐感觉到并紧紧抓住,首先试验。

在众多网络推广方法上,藏壶者最重视的是社会化营销模式,简单讲,就是带有对话功能的营销模式。开始的时候,他将旺旺的对话功能利用到极致。特别是他的一元拍零售方法,为他的旺旺带来许多说不完的话题。

新浪微博出现以后,藏壶者以自己敏锐的嗅觉,又一次抢在其他网店店主之前开通了新浪上的微博。他每天坚持在微博上发布有关紫砂壶的信息,包括紫砂壶的产品知识、名人介绍、泡茶学问、客户故事等,微博的定位是知识性的对话,每条信息发出都会配有紫砂壶的相关图片。

藏壶者在新浪微博上摸索出来的一条经验,就是每天在微博上主动搜索和紫砂壶相关的话题。在新浪微博搜索紫砂壶,大约有5000条相关信息,藏壶者一旦搜索到对象就加入并且和对方对话,提供对方需要的知识。藏壶者利用微博把关注紫砂壶话题的人联系起来,在微博上坚持互动,告诉消费者收藏壶和玩壶的知识。

> **编辑我要说**
> 在各种社会化营销工具和平台中,微博能够帮助中小企业在一个更大的平台上精确寻找到潜在客户、精确客户、粘性客户、忠诚客户,这种寻找的成本又非常低。

微博营销离不开团队

在企业打算开始加入微博这个对话社区的时候,首先应该组织一个运营小组,以保证微博战略长期有效地执行。这个运营小组的人员由企业多个部门的人员组成,这样可以保证微博话题的多样性和鲜活性。同时,这个小组的成员也需要有一定的文笔,有参与微博的激情和热情,善于互动,经常能够迸发出好的创意。例如,淘金百货、膜法世家等,都有很强的微博团队。而黑黛补发微博是中小企业微博营销全员参与的典范,这家公司的 16 个直营中心,包括董事长、总经理,有 80 多位员工加入微博团队,占全体员工的 90%以上。

凡是做得好的企业团队微博,他们大都会定期给成员进行培训,培训的内容涉及微博上的基本游戏规则、微博话题的写作、如何发现和积累粉丝、如何参与微博对话、如何策划微博上的活动以及遇到负面评论的基本应对方法等。此外,还有微博上新工具、新理念的培训。

企业微博如黑黛补发、膜法世家、恒达暖宝宝、立即购移动商城等,每月都会有相关的培训和内部交流会,定期探索和总结微博营销运营中的各种问题及解决方案,组织团队成员对各种创意话题进行头脑风暴。

有了团队,明确了定位和目标,现在就可以进入微博了。目前国内的微博平台很多,可以根据自己的需要选择,中小企业目前进入较多的是新浪微博。在微博注册的过程中需要设置企业的许多信息,如头像、昵称、简介、个性化背景图片设计、相关资料、博客以及社区链接等。其中需要注意的是微博的昵称,它是唯一的,即一个昵称只允许一个用户使用。对于企业来说,你的微博名称应该是和企业名称、品牌等相关的,和企业所有平台上的 ID 称呼最好保持一致,而且要尽早注册,避免被其他人抢注。

注册完微博以后,先不要急着去加其他人为关注。这就好比你刚刚参加了一个聚会,你首先要做的是先和朋友们打声招呼,告诉别人你是谁,递上一张你的名片。微博上可以先发布几则有关你们团队加入微博的故事,介绍企业的背景及微博运营小组各个成员的情况,这样互动很容易在不经意间就开始了。记住,一定要用讲故事的方式开始企业的微博之旅,需要有故事点和创意源。每条信息最好加上与微博信息相关的图片,相比于文字,图片更容易被大家记住,更能增强视觉效果。

随着微博的高速发展,微博用户的逐渐增多,微博的价值也得到了体现和提升,随之带来了大量的商机,据一位互联网知名人士说:"微博是十几年前的互联网。"这样的认识,可以说微博对营销的价值又进一步扩大。而现在的粉丝大部分掌握在明星和一些做的较早的微博主手中,一般的的草根要想做起来非常艰难,而从最近在网络上红极一时的"浙江微博第一人"的女企业家"酒红冰蓝",他们团队有100多个账号,微博价值超千万,可见其团队的强大力量,从而也给我们指明了一条路,那就是走团队路线。

人性化团队如何建设?团队建设首先选择合适的团队人员,只有团队人员齐心协力,才能做出好的成绩。爱好微博,对微博营销感兴趣,只有爱好了才有激情去做事情,所以首选微博控。要有诚信,愿意合作,不要贪小便宜的。团队成员要有进取心,有自信,并且有比较强的执行力,因为微博是一个长期的工作,不可能一两天看到效果,只有长期坚持下去的人才能做好微博。谈吐大方,修养良好,经常沟通与交流,增进感情和解决问题。对于兼职微博的还需要一定的时间,因为微博也需要用心去打理。

编辑我要说

微博团队建好后,就要开始漫长的积累粉丝的过程,路途是艰难的,成员之间要经常沟通与交流,解决一个个难题,为着共同的事业而奋斗。

什么时候都要想着消费者

不要误以为,开个账号,发几条微博就叫微博营销,没那么简单。企业开设微博的最终目的是要营销到自己的客户,或者品牌传播,或者销量增长,或者开发新客户,或者增加老客户的粘性,然而这一切都需有一定的方法。

微博营销是要建立一个让自己发出影响力的平台,并建立链式传播反应系统,这个系统就需要一个账号矩阵,一些成熟的微博运营企业都建立了完善的微博矩阵。

例如凡客建立了以 @vancl 粉丝团为主要阵地的微距阵。vancl 粉丝团是专注于粉丝互动的交流平台,发布促销,互动活动,所以它的页面装修,内容建设,活动策划与年轻、时尚、流行话题相关,竭力诠释凡客快时尚的互联网品牌内涵。@ 凡客诚品用于发布凡客内部新闻重大事件等信息。其他子微博也明确定位,各司其职。

当然,建立矩阵前,要清楚自己微博的定位和功能分类,是销售、品牌传播还是客户管理,还是公共关系,没有明确的功能定位,不仅无法形成有力的微距阵,连主微博的运营都会成问题,因为微博的内容更新,活动策划、粉丝互动都要根据微博本身定位来运作。

新浪微博事业部总结了三种微博格式,一个是阿迪达斯的蒲公英式:适合于拥有多个子品牌的集团;另一个是放射式:由一个核心账号统领各分属账号,分属账号之间是平等的关系,信息由核心账号放射向分属账号,分属账号之间信息并不进行交互,这种适合地方分公司比较多并且为当地服务的业务模式;第三个是双子星模式:老板一个账号很有影响力,公司官方一个账号也有影响力,形成互动。

  这些都是比较初级的模式,企业真正要建立的体系,除了官方账号,子账号,还需要一个小号,所谓的小号,就是建一个跟自己企业相关的匿名账号,比如调味品企业可以建立一个账号:@巧媳妇,或者厨房达人,或者私房菜等等,跟粉丝分享做饭美味的方法,总之,小号就是脱离于企业的产品,但是又是自己企业的理念升华,你要上升到一个高度才能让消费者觉得你很中立,从而润物细无声地影响消费者。

  微博营销三大门派之一的扬州派掌门酒红冰蓝,现在开发了一百多个行业的小号,他要让自己的运营团队了解每一个行业的特征,才能为这个行业的企业做服务。其实微博是一个破碎的世界,但是之所以能够发挥影响力,是因为有一些内在的东西将碎片重新组合,而这种重新组合就是对人群的重新划分,而且是对精准划分——因兴趣而组合。

  所以,微博营销的职责之一便是重新划分人群并对他们施加影响力。这便是小号的职责所在。而后,内部系统建立完毕后,再通过外部合作——或者交换或者付费给微博营销服务公司——增加粉丝,到这一步之后就是要摸索高效链式传播系统了,谁的转发能带来大流量?什么样的话题适合在什么样的账号转发?微博营销专家杜子建曾说,微博像极了核物理的链式反应,一个中子被撞击会继续裂变成2-3个。但是传播并非布朗运动,总归是可以摸索一些规律的。

  微博作为社会化自媒体,基于社会化的认同才建立彼此关注的网络,用户关注你的前提是他觉得可以获得价值,这种价值也许是对你企业品牌的认可,产品服务的喜欢,或者是对你微博内容的欣赏。

  在微博这个开放的大池中,你只有给出有营养的鱼饵,才能吸引留住鱼儿,否则它们都游到其他鱼塘了。

  然而,不管你将微博定位成为品牌传播还是连带销售,你所有的意图都是通过文字来表达的,互联网口碑营销不同之处在于它并非声音而是文字传播。所以,微博的内容就是首先要找到目标客户群想要听的话,其重要程度不言而喻。

> **编辑我要说**
>
> 以用户为中心:针对目标人群策划内容,锁定人群的职业、性别、年龄,结合他们的兴趣爱好,来制定他们喜欢的内容,投其所好。

微博热销引来搭便车

微博平台如今已经成为企业获取品牌形象与产品销售的重要通道。许多基金公司也看到了这一点,对于他们而言,每一位微博用户后面都是一位活生生的投资者,于是他们竞相登上了微博营销的"快车"。

据中国证券报记者不完全统计,迄今已有四十余家基金公司在新浪、腾讯、搜狐、和讯等网站开通了官方微博。在新浪微博上即有南方、博时、汇添富、富国等近二十余家,而在腾讯微博上基金公司数量更多,华夏、大成、汇添富、上投摩根等三十余家基金公司官方微博落户于此,其中当属上投摩根人气最高,粉丝达三十多万。

此外,不少基金公司高管和基金经理也加入了微博队伍。新浪微博上基金高管即有南方基金总经理高良玉、博时基金副总裁李雪松、华商基金副总经理程丹倩、大摩华鑫副总经理秦红等人,基金经理则有华夏基金王亚伟、鹏华基金基金经理黄鑫、南方小康ETF基金经理杨德龙等人。其中，南方基金总经理高良玉的新浪微博人气很高，粉丝数量超过一百万。

微博营销，顾名思义就是个人或机构利用微博的平台和方式进行市场营销的行为和活动。微博不是单纯广告平台，微博的意义在于信息分享，微博营销的意义亦源于此。

对于基金公司来说，只要在新浪、腾讯、网易等门户网站注册一个经过企业认证的官方微博，然后像更新、维护本公司官网那样，或通告产品及活动信息，或就某一新闻话题发表观点，或与公众分享有趣的故事，就基本达到了与粉丝互动营销的目的。需要指出的是，若使微博营销与其他营销方式一样真正助力于产品、品牌和投资理念的推广，绝非只要每天发帖就能达到。

据观察，有些基金公司官方微博视觉感官和用户体验俱佳，不仅更新及时而且信息丰富，或以分析和言论见长，或以策划活动吸引眼球，因此在网络拥趸者甚众。例如，上投摩根的腾讯微博、汇添富的新浪微博等。他们不仅善于策划和实施具有一定吸引力的话题或活动，也非常重视线上互动和来自网友的更多方面的反馈，通过精耕细作、不断创新，进一步提升了已有客户的黏度，吸引了目标客户的关注。

上投摩根旗下某基金2011年8月10日正式成立，在弱市行情下仍能取得首募16.73亿元的成绩，可以说除了产品亮点和公司品牌外，与包括微博营销在内的营销渠道上长期经营、持续发力也不无关系。

面对当下基金公司甚至基金业"成长的烦恼"，面对产品调整以及服务尚需完善的微博产品，基金公司在对待微博营销时该何去何从呢？华泰联合证券基金研究中心总经理、研究总监王群航日前发了一条关于基金公司高管大额自购旗下首发基金的微博引起较大反响，他认为"卖基金首先需要自己有信心！"同样，需要基金公司自己有信心。

分析一些表现较佳的案例不难发现，一些微博营销表现比较好的公司大多在微博之外所下功力颇深。他们不仅在桌面、浏览器、移动终端等多个平台上屡有创新和突破，更重要的是将公司产品、研发、营销、服务等整合为在微博、官网、移动终端上可视、可用的有效信息，最终形成了传统营销与新兴营销齐头并进的全方位营销服务体系,客户体验和用户黏度不断提升也就更易于其理念、产品和服务的推广和传播。

就在前不久,继趣味理财知识APP"摩根基金大学——《基金动漫》"在APPstore大获好评后,上投摩根推出最新款APP实用小工具"摩根基金E站"。记者也在第一时间体验了一下,发现查看自己先前所购买的基金产品每日最新净值及收益非常方便,可以说为客户服务的细节之处考虑得非常周到。

编辑我要说

如果网民能够经常关注和利用基金公司的微博或应用程序,潜移默化的营销效果是显而易见的。

千方百计激发粉丝的好奇心

面对无限成长潜力,微博营销也日益受到众多企业的关注。然而,在营销实践中,企业发现,自己的微博粉丝虽然达到了一定的数量级,但是营销活动的响应者依然寥寥无几。问题究竟出在哪里?

美国网络专家Jakob Nielsen曾经提出一条网络社区"90-9-1法则",即:90%的用户仅仅访问网站但从不贡献内容,9%的人偶尔会参与,只有1%的人生产绝大部分内容。

此外还应该看到的是,粉丝参与度的高低,与活动的激励政策是否有吸引力、粉丝参与动机是否充足以及活动设计的合理性如何有着很大关系。这为企业提高微博粉丝的参与度提供了思路。

很多粉丝其实本来对活动有着参与的兴趣与动机,但是由于活动环节设置繁杂,只能望而却步,这对提升粉丝参与度来说是相当不利的。微博被认为是一种有人情味的沟通工具,因此微博活动应该在保证营销效果的前提下,尽可能做到简单易行。

参与门槛的降低意味着粉丝参与成本的降低,这会引发低成本的尝试性参与。比如某微博平台的"超级享受"活动,由于抛弃烦琐的征集、上传等活动形式,尽量做到不改变用户的行为方式,从而实现了参与范围的最大化。

作为一种掩盖中心信息的心理技巧,悬念能引发粉丝的好奇心,让粉丝对活动形成深度参与和长期黏性。在设计悬念的时候,首先要明确粉丝最感兴趣的信息是什么,然后通过一定的掩盖技巧设置。

KogiBBQ号称全球最牛的流动烧烤摊,其案例成为微博营销的典范。它的一大特色就是将自己的位置设置成悬念,每3小时就会通过Twitter(推特网)告诉粉丝它会出现在哪里,使得很多粉丝为之痴狂。

其实,只要是粉丝感兴趣的信息,都可以设置悬念,比如每日一折就是通过产品信息来设置悬念的。此外,还可以设置价格悬念来吸引粉丝的参与。国内钻石电子商务网站BLOVES(结婚钻戒网)在其官方微博上发起的品牌互动活动"猜价格送钻戒",吸引了上万网友的转发和评论。

这个微博活动主要以猜价格的形式来引起粉丝的参与热情。该活动自2010年10月18日起,每周举行一次,每次送出一枚上万元的钻戒,最接近答案的竞猜者将获得这枚钻戒。为了进一步增强活动的参与度,活动设计了很多线索帮助微博粉丝来探寻这个价格。活动开始以来,除了BLOVES的粉丝每天以1500人左右的速度增长外,其活动微博的转发量也已经上万,粉丝的参与热情可见一斑。

除了利用人们的好奇心进行驱动外,还可以通过奖品促销的形式,用利益驱动粉丝的参与热情。凡客诚品被认为是微博营销的优秀实践者之一,它很善于利用奖品促销的形式调动微博粉丝的参与热情,其"抢楼送周年庆T恤"、"1元秒杀原价888元服装"等活动在微博一度引发粉丝参与的热潮。

凡客微博促销很善于借用明星的力量,激发粉丝的兴奋点。2009年11月9日,当时只有4000粉丝的凡客诚品向关注度第一的姚晨粉丝群发送了一条微博:"打算给姚晨的21万粉丝们一点儿福利,但愿姚晨粉丝们出来说句话,怎样操作好?"这条微博立即引起了粉丝群的热烈讨论,关注、评论、转发几乎波及整个微博。

凡客在签约韩寒为代言人之后,借助韩寒《独唱团》上市掀起的热潮,以微博为平台,发动了"PS凡客,送《独唱团》"为主题的活动,号召参与者以韩寒正版广告内容为模板进行图文创意,然后由网民对自己所喜欢的某件作品进行投票,得票高的将获得韩寒的《独唱团》。这对微博粉丝和韩寒迷来说是个不小的诱惑。短短几天时间,凡客的这一活动微博转发近4000次,新增粉丝超过2000人。

编辑我要说

除了利用挑逗好奇心、利益驱动、明星引导、粉丝授权等手段外,提升微博营销活动参与度的方法还有很多,但万变不离其宗,归根结底都还是要以对微博粉丝的深刻洞察为原点。

粉丝质量影响营销水平

今天的微博已经成为中国最热闹的信息集散地,一时间,名星、企业家、厂商、媒体纷纷开博,"无微博不火"的情景正在愈演愈烈。

微博火爆的同时,也让微博营销成为一个热议的话题。每天,我们都能够在微博上收到形形色色的营销信息,有邀请你参加活动的,有直接发布优惠促销信息的,也有名人推荐吹捧的。信息就这样不断地从厂商、名人、草根领袖的微博中发出,再被粉丝、粉丝的粉丝们一次次的转发出去,扩散到更广泛的人群中。

但是,在不断散播的过程中,营销人不得不问的是,这些粉丝究竟是谁?他们是真实有效的吗?他们分布在哪里?他们对此是喜欢还是反感?一条营销微博能增加多少新粉丝?只有找到这些问题的答案,微博营销的效果才会真实可信,有的放矢。

现在,让我们通过"微博大师(WeiboMaster)"——首款企业级微博营销管理平台的强大功能来解答这些问题吧。"微博大师"是一个智能化的微博评估分析系统平台,无需登录Web网页,在一个更简便快捷的操作界面下,即可实现高效且缜密的微博监测、分析、评估及管理。"谁在关注我?"——微博所聚集粉丝的质量直接决定了微博运营的效果。

判断一个微博运营的是否成功,粉丝数量绝不是全部,微博所聚集粉丝的质量直接决定微博运营的效果。通过"微博大师(WeiboMaster)",运营者可以获得一个衡量自身微博运营效果的全新视角,准确地了解自身微博粉丝质量、粉丝相关性、微博内容影响力,并实现对粉丝评论内容的抓取分析。

在微博内容影响力的评估上,"微博大师(WeiboMaster)"可以追踪到指定时间内发布微博达到的总曝光量,并根据"眼球系数"来计算出究竟有多少人看到了这些微博的内容。

针对微博平台信息传播速度快的特征,"微博大师(WeiboMaster)"还可以通过设定关键字和及时邮件通知等功能,实现实时舆情预警监控,助力营销者在最短时间内对负面消息作出反应。同时,微博和评论都可以批量导出,以 Excel 的格式呈现,大大简化运营者的工作量。

不是粉丝越多传播效果就一定越好,名人微博也要量化。在微博营销中,厂商经常会选择名人合作。以前选择微博合作时,大都是基于"调性"的考虑。随着微博合作费用的逐渐提升,名博在厂商的眼中就是一个独立的媒体,而之前这种感性的分析显然无法准确评估微博作为媒体的价值。

"微博大师(WeiboMaster)"提供了一个可以"量化"的科学的微博价值评估体系,帮助广告主进行更有效的媒体选择,增大信息传播效果。

从粉丝数来看,姚晨比小 S 要多 100 多万,但在衡量微博作为媒体的价值时,只参考微博粉丝数则过于片面,我们还需要考虑粉丝活跃度、粉丝被信息曝光概率指数、粉丝的影响力。同时,由于在微博传播过程中,二次传播起到了决定性的作用。因此,粉丝的粉丝的质量也至关重要。如果姚晨发布信息被她的粉丝转发,那么"姚晨的粉丝"的粉丝们是否会继续转发,很大程度上影响着最终的传播效果。

此外,我们也要考虑地域的影响力。姚晨的粉丝中有 9% 来自广东,乘以姚晨的粉丝数(7,156,116)等于 644,050 人;小 S 的粉丝有 15% 来自广东,等于 1,029,918 人,约等于姚晨广东粉丝数的 1.6 倍。如果广告主的目标市场在广东,或许更应该选择与小 S 进行合作。

最后,"微博大师(WeiboMaster)"还可以通过姚晨与小 S 粉丝的标签抓取,从调性上判断跟谁更适合合作。如果是一个运动品牌,姚晨有更多的粉丝添加了"户外、运动、NBA"等标签,则可从调性上推断与姚晨合作将会达到更好的传播效果。

微博营销的玩法有很多种,其实归根结底还是聚集人气,获取数据并从中挖掘价值。"微博大师(WeiboMaster)"希望用最先进及严谨的微博评估分析系统,将原本缺少数据支持的微博营销变得有理可循,帮助营销者实现准确的微博媒体评估分析及投放优化。互联网的世界里,一切皆是可监测、可抓取、可优化的。

编辑我要说

选择一个好的微博管理工具,这对于微博营销而言绝对可以达到事半功倍。

第八章

微博使电子商务更上一层楼

> 互联网的未来10年中,电子商务将会实现爆发式增长。一些门户网站正尝试搭建微博电子商务平台,这是微博现有平台的自然扩张。未来,微博将在电子商务方面进行更多的尝试,这将是微博商业化的重中之重。总之,微博将为电子商务提供更广阔的平台。因为参与搭建电子商务平台,为微博提供了更大的想象力。

各大门户网站争先恐后

2010年,中国互联网从博客时代正式进入了微博时代,传统门户网站一股脑儿投奔微博怀抱。就连已经关闭的饭否也获得了"重生"。微博已不仅仅是一种新兴媒体,它可以做成一个网游、邮箱、音乐、搜索、相册等产品线的整合平台,每个网站必须具备一些不可复制的或者门槛较高的方法或技术,才能在即将到来的微博大浪中扬帆起航。

从微博上线之日起,新浪就成立了专门的团队负责微博运营,如今,这一团队已经发展成为微博产品事业部,全面负责微博产品的开发、运营及规划。虽然四大门户均已开发了微博产品,但其中作为独立事业部运作的仅新浪一家。

新浪副总裁、微博事业部总经理彭少彬表示,以微博平台为核心,新浪微博可以提供应用、链接、分享三个层面的合作模式。与苹果的AppStore、优酷等合作,极大地提升了用户黏性和品牌曝光度。

与新浪博客共享计划相比,新浪微博将会提供更加多元化的广告模式。在这个广告服务平台上,广告主和开发者可以进行双向选择,并实现自主竞价。在应用增值服务方面,随着用户数的爆发式增长,无论是企业用户还是个人用户,都会产生对收费服务的需求,这就为开发者通过应用增值服务获得收入创造了更广阔的空间。

此前,在互联网市场,一旦牵涉到平台应用增值服务的分成,平台基本都会占据主导地位。但彭少彬透露,目前新浪微博用户已超5000万,开发者在新浪微博平台上开发的应用增值服务，新浪微博平台与开发者将采用3:7的分成比例，把应用增值服务的大部分收入给开发者，更大限度地保护开发者利益。

搜狐相关媒介负责人林涛表示，"作为Web2.0的最新产品，微博的战略地位已被搜狐提升到最高级别"。张朝阳更是表示，将亲自来抓微博的发展，对其"进行不封顶的投入，名人战略必须得走"。此前，张朝阳在不同场合多次阐述对微博发展趋势的看法，"目前微博还仅仅在特定圈子中比较风靡，而未来微博肯定是面向大众的。比如明星名人不一定只发一个微博，两个都可以发。第二，现在草根大众还没有用微博呢。所以，搜狐现在发力有很大的发展空间"。

目前，网易微博落后于新浪和腾讯是不争的事实。1月20日，网易微博开始内测。尽管早于腾讯微博和搜狐微博，网易微博却在四大门户的初期较量中暂处下风。网易10年前开始做论坛，9年前开始做邮箱，5年前开始运营跟帖，3年前开始做博客。目前，网易相册已经积累了4000万张照片，《魔兽》已经达到300万用户同时在线。多年的运营中，网易已经积累起了深度用户和庞大用户数。每个产品都是一个小社会，其内部已经形成了较强的社会关系。这些是网易经营这么多年所结的硕果，同时也是网易微博待开发的宝藏。

虽然腾讯微博不是最早一个放出微博服务的，但是它可以从微博市场中分得很大一杯羹。腾讯完全属于饿狼紧随的策略，它利用自己的优势资源把竞争对手一一拖垮。资讯它是这么玩的，游戏它是这么做的，现在的微博它一定会这么弄！据说每天QQ将近1亿的登录数，推一个微博是不是很Easy的事情呢？

但就从目前的活跃度和名人效应来说，腾讯已经落后了。2006年，Twitter服务推出，2007年腾讯滔滔横空出世，腾讯在微博业务上的行动不可谓不快，布局不可谓不早。腾讯本意是要在Twitter尚未风靡中国之时抢占市场先机，但过于追求速度而出现的"定位不准"却成为滔滔的"硬伤"。早在2007年12月就有网友认为滔滔的功能"完全可以收编到QQ

上",若其作为一个独立的产品就应该支持多款即时通讯工具(MSN、Gtalk、Skype),否则发展下去必沦为短板。

> **编辑我要说**
>
> 什么叫与时俱进?就是当各大门户网站在微博方面发展缓慢时想方设法要迎头赶上,关键是又并没有人逼着。

微博让电子商务更社会化

当网络普及的时候,很多生意借助电子商务实现了腾飞,电子商务也因此成为很多生意想要寻求突破的时候,最先想到的一个销售模式。但是在社会化媒体的大环境下,新一代网络形式微博诞生,或许会对传统的电子商务模式做出些改变。

美国第一家完全基于微博直播进行零售的公司Kogi的成功,给很多生意人上了一课,原来微博还能有这么大的力量。然而这个成功的案例也给我们提供了更大的想象空间。会不会有完全基于微博的生意出现?可不可以直接在微博上给企业下订单?其他的行业是否可以完全基于微博来实现销售呢?

随着国内微博注册人数的不断增加,可以预见,当微博像QQ一样达到极高普及率的时候,微博网店的概念或许能够在国内很快出现。比如一些本地化可以提供流动服务或上门服务的生意,像一些送餐服务、送药服务、钟点服务、粮油送达、电脑家电上门维修等。

微博营销是网络营销的一部分,因此对这些电子商务企业来说,两者之间更加兼容,实现联合具有得天独厚的优势。

如果仔细观察各大网店的流量来源,你会发现微博所占的比例正在直线上升,甚至已经有海外电商网站声称,社会化媒体给其网店带来的流量首次超过搜索引擎带来的流量。这个数据是否真实我们暂且不论,但这至少让人不再怀疑社会化媒体对电子商务网站的巨大潜力。

2010 年已经有少数淘宝网店试水微博营销,2011 年随着微博用户基数的扩大,预计将有更多的电商网店进入微博直接开展营销活动。从海外看,几乎已经没有哪个网店上找不到 Twitter 或者 Facebook 的图标,这种趋势似乎即将成为现实。

其实网店的微博营销,相比传统的 SEO、广告联盟、论坛推广等方式来说,其低成本、易操作、传播好的特性,无疑都具有极大的吸引力,那么说,新的一波网店微博推广热潮即将到来也就没什么奇怪了。

在微博控越来越多的今天,通过微博营销带来的销售转化率确实很高。一位通过校园代理模式与某网购联盟合作的在校大学生,当月下来的销售额就达到了 8 万元左右,平时自己经常把看中的乐淘鞋发到微博,加之各个学校都有微群,还有原来所在高中学校的微群,每天卖个十双八双的都是常事。

社会化营销已经成为网购发展的大趋势,但需要提醒的是,在全民微博化的时代,越来越多通过兴趣爱好结成的微群正大量出现,微群俨然就是另一种形式的 QQ 群,对于想赚大钱的个人博主,不妨多留意下各种网购类型的微群,因为微群里的各个成员本身都是网购达人,对网上购物有着天然的喜爱和依赖,在更加精准的目标受众下,自然转化率就会比较高,长期坚持下去,个人微博通过联盟获得可观的收入将变成活生生的现实。

电子商务企业在微博营销时不要太着急通过微博来进行产品推广和营销,放大用户得到实惠的力度,更能将口碑营销直接转化为商业利益,一家零售公司,用户第一不是一句口号,通过微博实现与用户极具亲和力的接触,第一时间了解最为广泛的用户群想法,才是我们的目的,才能起到四两拨千斤的作用。

微博逐渐成为电子商务网站的重要战场,当很多电子商务还停留在比拼价格、物流战时,已经有不少聪明的商家先瞄准了"微博"这个天然的"土壤"。

凡客诚品是第一批进驻新浪微博电子商务网站的。这个由卓越网骨干班底创办的电子商务公司对网络有着与生俱来的敏感。据CEO陈年微博说:"当初动员运营中心的员工在一个下午的时间里注册了100多个微博账户。"除此之外,中粮我买网、当当网等众多知名的B2C企业,也都陆续加入微博营销的战场。

> **编辑我要说**
>
> 微博,正凭借其势不可挡的发展势头,开启了电子商务"微营销"的一扇新门;微博为电子商务的发展插上了一双翅膀,开创了电子商务营销的新模式。

网店可以靠微博做生意

淘宝店主们的推广,往往需要借助淘宝的广告。对于那些不能通过百度搜索引擎来获得流量的淘宝网店来说,微博是一个难得的淘宝外部网店推广利器,毕竟它能产生巨大的外部链接。当然另一方面,依靠搜索引擎获取流量竞争越来越激烈,广大淘宝客的压力越来越大。搜索引擎的算法不断地调整,由于淘宝客网站自身特点,也越来越难获得搜索引擎流量,所以微博是淘宝客们突围的利器。

通过淘宝客进行营销使很多店长第一次见识到了众多外部的中小网站带来的利益,甚至淘宝客成为很多淘宝卖家最主要的营销方式,其中淘宝的暴利产品,甚至大部分订单都来自淘宝客。但是还应该看到,淘宝客并不适合所有的网店,对于一些只有几颗星,想通过淘宝客发展自己,简直比登天还难。毕竟淘宝客不可能去冒风险来推广一个不成熟的网店的。所以淘宝客只对于淘宝商城卖家、淘宝(金冠)皇冠卖家、部分十分优秀的钻石卖家有着重要的战略意义。

微博是一块新的营销战场,并且前景也十分诱人。谁最先掌握了微博营销的技巧,谁就可能在激烈的商战中赢得先机。淘宝店主们如何用微博做生意呢?

开通微博之后,最好能获得微博运营平台的官方认证。如果你的店铺有一定的知名度,或者以公司组织的名义在运作,都可以向平台申请认证,通过认证的微博一方面更具权威性,另一方面也可以获得平台的推荐,获得用户关注。加入微博平台可以算已经迈出了微博营销的第一步,成为微博交流中的一员,这是营销的基础。

当然除了官方的微博之外,其实还有一个窍门,就是店主们可以开通网店所在行业的垂直微博账号。例如某销售图书的网店,除了开通自己的官方网店之外,还可以开通"图书快讯"、"名人读书"等和图书消费者相关的微博账号,进行联合运营。因为关注这些话题的用户都是网店的潜在客户,在没有微博的时候,店长们的经营模式就是卖东西,但是现在微博出现了,店长们应该改变一下自己的经营模式,充分利用好网络这个媒体平台,"先聚集用户,再卖东西",把用户抓在手里,最后想办法将用户转变为客户。

而且这种经营模式已经被很多成功的网商使用,如利用"社区+网店"的形式在销售产品。比如有一个销售ZIPPO产品的淘宝店长,其最先是运营 ZIPPO 爱好者社区，之后通过网店实现赢利，这样不仅可以保障社区的赢利，更加可以保障网店的持续发展。微博相比社区，更加便利，首先微博用户很多，而且操作简单，受众的参与度也很高。

开通了网店官方微博或垂直微博后，可以在网店里展现微博，让一些正在玩微博的用户可以参与进来关注网店的微博信息，在初期切记不要发布赤裸裸的广告信息，可以利用微博来发布促销信息、团购信息。例如转发微博就可以获得网店的10元优惠券，凭微博账号可以到网店购物优惠。

微博是一种媒体，而对媒体来说接下来当然就是策划微博的内容了。这里需要注意的是，对于淘宝店的官方微博而言，微博营销不要试图利用微博来发布你的网店广告、你的产品广告，用户也会对这种赤裸裸的广告非常反感。

你必须先要通过优秀的内容来聚集粉丝，这些内容不要是网店和产品广告，相反应该是一些与网点、产品相关的八卦内容，喜欢八卦是人类的天性。问问周边的人，谁不喜欢八卦呢？这些八卦内容可以是网店工作时的情景、进货时的有趣事情、发货时的状态，以及工作中遇到的客户服务的问题，将这些十分细节的问题整理出来发布到微博上去。

编辑我要说

微博的内容一定要有价值，一定要给你的粉丝价值，这样粉丝才会持久地关注你。没有人关注你的话，你的广告做得再大也不会有人看见。

微博电子商务有花样

通过对趣玩网微博营销的分析，最深刻的感触就是营销模式从广告的狩猎式，进化到了微博的圈养式。

微博就是一个大牧场，公司通过活动和内容吸引和自己用户熟悉相近的粉丝，定时定量给他们发布信息，进一步同化他们成为潜在用户，最后通过推介信息将其转变为自己的付费用户。如果微博一直以产品广告这种狩猎的模式去经营，想必成果会非常惨淡。

从狩猎到圈养，这点和人类社会的进化正好相符，那么我们完全可以期待进化的种植深耕。

通过对内容的分析，可以看出趣玩网微博基本都为发布，极少转发信息，互动性也较低，采编的国外信息也不带链接来源，尽可能要保证自己为信息的源头，避免将流量带给别人，具有明显的媒体传播特征。

通过了解其对微博的定位，就不难解释在篇首提出的"在这里看趣玩VOICE"在热度最低的区域的问题，因为并不需要将已有的用户带去微博进行互动。这点并没有对错，只是一个定位的问题。

翻看趣玩网早期的微博，可以发现当时转发和评论都很低，很多都为零，难得有一两个评论，跟现在少则几十，多则数千完全无法相比，可以想象当初粉丝数也少得可怜，如果在前期来考核KPI肯定是一塌糊涂。

但他们始终没有放弃，一直在坚持，一点一点的增加内容和粉丝，直至后期出现爆发式增长，每日新增上千粉丝，使得微博营销成为性价比极高的方式。

而内容建设和发布规律方面,也是逐步成长起来,经过很多的探索,才形成目前的模式,成为 B2C 类微博领先的代表。

八卦、笑话的内容很受大众用户欢迎,在粉丝、转发、评论这些数据上也必定有不错的成效。但这样圈来的用户并不是你的潜在用户,而且也会影响你现有用户对你的定位和观感,因此趣玩网逐步放弃了这方面的内容,而采用更辛苦的采编模式。

在活动上同样如此,微博和其他网站上都流行送 iPad 或 iPhone4 的活动,不可否认效果极佳,但这些用户对网站来说含金量太低,因此趣玩网前期活动以送网站新品为主,一举四得就不再次重复了。后期也是送国外创意产品,除了效果更佳外,还有进行前期市场调查的作用,通过反响来决定是否引进。

通过了解趣玩网的微博营销,可学习到很多的经验。但趣玩网并非已经做到登峰造极,还是存在改进空间的。

微博是非常优秀的客服工具,也是潜心和用户互动的很好平台,Twitter 上已经有非常多的企业做出了成功案例,不必再对此进行论证了,而这点可能是趣玩网的缺失之处。

不可否认,互动、客服会对传播型媒体造成定位上的混乱,如何有效的去区隔用户群体,并能有效经营和服务已有用户,进入"种植深耕"的高级阶段,这将是趣玩网下一阶段的最大挑战。

目前趣玩网微博基本是图文形式的内容,比较单一,随着新浪微博应用不断增加和腾讯微博的开放,如何使用和掌握好新的应用,甚至基于微博去开发 APP 应用,增加微博的趣味性和多样性,也是改进的一个方向。

趣玩网微博营销的成功,和他们产品本身的特质(创意生活产品)是分不开的。有趣、新鲜又有创意的产品,本身就能吸引大部分的人群,粉丝基数较大,而国内外的此类产品层出不穷,都带有精美图片,对于内容采编来说难度也相对较低。因此无法复制所有经验去经营,比如一个卖鞋的公司,就很难每天都能发布吸引用户眼球的微博内容,会关注的粉丝也必然较少。企业要学习趣玩网经营自己的微博,应从深层次、分步进行。

> **编 辑 我 要 说**
>
> 找准自己微博的定位,互动型、传播型甚至客服型都可行,最重要的是适合企业特质和基因。

利用微博推广自己

与趣玩网相比,凡客的微博营销更倾向于把微博当成一个社会化的营销工具,一个信息扩散的平台,而非一对多的媒体。这是趣玩和凡客微博营销的不同之处。正如凡客总裁助理许晓辉所说:"这个平台(微博)不是直接做生意,而是跟你的消费者建立情感的互动。只要坚持效果也是慢慢才看出来的,现在最关键的是坚持。"

我们都知道,凡客是以电子商务的方式起步,兼用其他媒体(邮购目录册、EDM、RSS邮件边栏广告、搜索引擎广告等),配合自身门户网站,逐渐确立了在网购市场中的霸主地位。凡客的微博营销是最被人津津乐道的,它把微博当成整合营销传播中的一个强有力的工具,各种灵活多变的创意案例,成为众多电子商务企业甚至品牌商效仿的对象。

凡客最初玩微博的时候,由于当时微博的用户数还在初步的积累阶段,即使进行营销其效果也并不明显,因此当时并没有抱着太大的预期。

随着微博用户的数量不断递增,微博营销的优势也凸显无疑:微博兼具了QQ一样的个体性、即时性,博客空间的个人信息发布和分享性、社区论坛的话题讨论性,以及SNS社区的人际关系纽带性,这使其更像一个天然的口碑传播平台。由于对这些特点的洞悉,加上灵敏的商业嗅觉和经验,凡客诚品已经把微博驯服成了一个很好的与客户沟通的工具。

凡客在成为新浪微博的注册用户之后,首先就动员了运营中心的员工在一个下午的时间里,注册了100多个微博账户。其实凡客最初只是把微博作为一个参照,并没有上升到制度层面,而是更注重员工的自由度,另一方面鼓励员工参与对企业的关注。

然而让凡客意想不到的是,微博之旅开始之后,公司的微博带来一定的管理需求。于是,凡客聘用了一个比较专业的管理员,主要负责微博、博客的发布、更新等工作。员工一般都会有自己的工作任务,这就让微博的更新频率有些限制。凡客微博管理员的加入,使凡客微博的运营更加专业化。

在内容的采集上,微博管理员专门收集的是与凡客相关的信息,包括内部和外部的不涉及商业秘密的部分,在微博中发布,加上员工不时的关注和讨论,表现出凡客微博的轻松氛围。随着凡客微博越来越受欢迎,凡客便成立了一个部门叫"新媒体推广部",并且给予了相当的编制和预算,是为了在这个时代利用微博这个新媒体来把握时机。

在经营一段时间后,凡客发现了一个问题。由于微博话题往往是关于凡客官方的信息,尽管合情合理,但多数都是企业的公关稿,有意思的话题并不多,同时也导致了粉丝的活跃度不高。这种状态如果继续下去,最坏的情况是把微博变成一个可有可无的摆设。

因此凡客注册了"凡客诚品"的官方博客,还注册了另一个账号:"Vancl粉丝团"。凡客诚品的官方微博是这样介绍自己的:"凡客诚品(北京)科技有限公司官方微博。发布公司重大新闻。"

通过两者的对比,不难看出,Vancl粉丝团走的是平台路线,强调与粉丝的互动沟通;而凡客诚品的官方博客走的是媒体路线,通过微博把公司的新闻第一时间发布。

名人效应对微博账号人气的提高有莫大的帮助，因为名人的粉丝与企业微博的粉丝往往不仅有很大的重合性，同时还能对企业微博账号起到很大的带动作用。比如韩寒代言凡客的事情，就在粉丝中激起了不小的波澜。凡客微博对韩寒到访凡客的情形进行了简单的"文字直播"，这让粉丝们议论纷纷。粉丝们多认为，韩寒的风格和凡客以往规范的风格不同。凡客用韩寒和王珞丹做代言人，让粉丝们更高地关注，也让粉丝接受了凡客从规范向其他品牌性格调整的过程。

> **编辑我要说**
>
> 用传统媒体制造话题，形成巨大的传播势能；而微博这一社会化工具则用进一步将话题通过人际关系链实现了二次传播，这有助于品牌的树立。

用微博营销进行网站优化

微博营销正在风生水起火热进行，微博营销和优化都是广告的方式，它们有很多同质之处，微博全新的营销理念正在为广大商家运用，怎样用微博营销的理念来分析站长的网站优化的工作呢？

微博营销的理念核心在于去广告化去营销化，让营销看起来不像是营销，而网站优化追求的目标就是完全没有优化的痕迹，我们总是强调不要为了 SEO 而 SEO，说最好的 SEO 就是没有 SEO 意义也在于此。说到底，微博营销和SEO都是广告，优化技术发展至今，坊间越来越多的声音强调SEO朝着简单优质的趋势发展，让这和微博营销讲究润物细无声的营销效果如出一辙。

微博作为新兴的营销方式，借助微博这一信息传播平台，所有的广告信息直面潜在的终端客户，这让受众体验再一次提升到一个高度，重新研究如何将广告味去除，真正打动消费者。打动人心最好的方式就是为消费者说话，让他们得到实惠你才可能获得关注。辛苦建站做软文，绝大部分的时间都在广告，让蜘蛛让用户发现你。网站优化，就是每一条信息每一条广告都变得有价值。有价值的东西必定是对消费者有用的，发一百条垃圾帖不如发一条有用的常识小文章，在于精而不在于多。软文就是最好的说明，软文的写作就是要站在消费者的立场，推心置腹绵绵道来，这样才有更大的可能打动人心，在获得受众认可的不经意间，将广告传达给对方。

微博一般都要求发布的信息图文并茂，还辅以视频，内容信息还要有合适的标签和话题，利于网民搜索和关注，这和站长建站要求的一样，网站内容最重要的是用户的浏览体验，虽然视频对网站内容的建设来说不是上选，但是方便用户搜索，注重用户的感官体验的本质要求是一样的。其次，微博作为社交平台，沟通交流功能异常突出，所以网民的积极互动对于营销来说很重要，信息的转发和评论，举办一些有趣的活动都是微博营销需要的，而网站推广也强调用户的活跃度，加强用户之间的沟通，提高参与性，吸引更多的粉丝，拉近距离，建立用户对网站的忠诚度。

微博营销发布信息要有规律，数量也有讲究，每日都要更新，最好不能超过10条，要在发帖的高峰发布信息。网站的内容和外链更新也有章可循，外链适量适度，要形成一定的更新规律，稳定的更新。

做微博关键词优化的时分，我们要尽可能以关键字或者关键词组来开头，尽量应用抢手关键词和容易被搜索引擎搜索到的词条，增加搜索引擎的抓取速率，但这些内容也是要和你推行的内容相关，要思索到你的受众，假如一味为了优化而优化，就得失相当。

对SEO来说微博的信息十分重要，搜索引擎会把微博的信息归入到搜索结果中来，它们的索引算法也会依据微博的内容，选取信息作为标题,针对这些内容的关键词的选择就显得尤为重要,你要分辨做哪些关键词,只有明白关键词才干做好微博的SEO。

选微博名和选择网站名一样,简单、容易记,要让微博网名成为你的代言,让其他人看到你的微博名的时分,就能很快的记下来,你所选择的微博名要代表你所推行的站点,例如,笔者要推行站长百科,那么,称号也就是这个,不可能选择其他和推行内容无关的名词。

微博中都有个人材料的引见及选项阐明,这些个人材料也会被搜索引擎索引,在个人材料中,阐明本人的同时,也选择恰当时机填入要优化的关键词,提升搜索引擎抓取的几率,个人材料的内容与微博要有很好的相关性,提升搜索引擎抓取的同时也不会让你的受众感到腻烦。

编辑我要说

在高度重视人文关怀的今天,面对消费者审美标准的多元化,站长在建站的过程中,可以从微博营销的模式中得到共鸣。

微博和博客营销的差别

随着互联网网民的增加,电子商务网站的发展也是越来越火爆,站长们的营销方式也越来越多,微博的发展让更多的电子商务网站也发展起来了,很多站长会认为140个字的微博营销会代替这么长时间来的博客营销，对于这样的问题大家是怎么样看的，电子商务网站是博客营销还是微博营销？和大家分享下自己的看法。

很多站长们都会养很多的博客做淘宝客，把电商网站做站群的形式，这样的博客一般都是第三方博客平台，这样即省了资金，也给自己的电商主站带来流量。而且博客是没有数据限制的，在博客中，站长们完成可以把自己的产品描述得很透彻，通过搜索引擎优化的方法，让自己的博客能有个好的排名，这种推广方法用户可以通过关键词找到你的产品，只要用户体验度高的网站，用户来到网站能找到自己想要的东西，一般都会对网站产生粘性。博客营销方式需要站长们把握SEO优化的细节，优化博客的各个方面，具体的优化方法在这儿就不多说了，让用户能搜索到自己的电商网站，从而达到盈利的目的。所以电商网站需要博客营销。

随着微博在互联网的发展，微博营销等社会化媒体营销方式也成为电商站长们要考虑的营销方式，微博面对的范围是非常之广的，同时140字的数据足够你表达产品的信息，同时加上产品的URL，这样用户想了解的更多就会随着链接进入网站。在微博营销中电商网站也有很多成功的案例，比如："国外主机hostease优化大酬宾，购主机用hostease优惠码立减20%，参与，就可能拿iPhone手机一部"，这样的电子网站用微博营销也是屡见不鲜的了。

对于电商网站来说，产品面对的范围是很广泛的，所以你不用把自己的用户定位定得很死，面对社会化的营销方法就要找到所有活跃的用户。第一步就是找到微博的活跃粉丝。

很多电商微博开始为了自己的粉丝能有效增加，经常做活动送出自己的产品，这样的微博活动是很好的，但有的电商网站为了节省资金，等粉丝增加完了就没了后续的活动维护，这样的做法是很不好的，微博活动也是需要后续的维护的，这样，粉丝才会很卖力传播微博，增加听众。

微博有了粉丝不代表就肯定会赚钱，即然微博的传播效率这么好，那我们就要想办法把自己的所有产品都在微博上展示出来，加上自己主站的链接，产品的特点描述，吸引用户转播微博，吸引用户购买产品。关于电商网站的微博营销还有很多其他方面的知识，有时间博主再和大家说说原由。

其实对于站长们来说，没什么网站只能用一种方法来营销，不同的方法都能带来不同的效果。就像电商网站需要博客也需要微博，博客写的再好没有别人来看，没有流量也是不行的，这时站长们就可以利用微博带来大量的粉丝，提高博客的曝光率。如果有了微博的粉丝，没有实在的博客去描述这样的产品，用户想在微博中了解这样的产品，但是140字的限制又不能详细的描述产品，这时博客又成为电商网站的辅助。所以说这两种营销方法是并存的。

现在团购网站发展得很火，电商网站也面临一些危机，所以站长们应该找到一些好的方法去运营网站，不同的营销方法并用。

编辑我要说

博客或者微博，你觉得效果好的方法就多做点时间，效果不好的方法就少花点时间，两种方法互补才能走得更远。

微博与传统媒体的互动

微博营销是随着微博的兴起而逐渐形成并不断丰富的一种网络营销方式。个人、企业和品牌都可以在门户网站注册一个微博，利用自己的微博内容实现与大家的交流。微博营销具有立体、高速、便捷、广泛的特点，其病毒式的传播方式以及碎片化的语言界定，正契合网络时代读者对信息的快餐化需求；微博传播的无边际性和即时性，让微博营销省去了众多中间环节；微博平台上急剧增长的博主给微博营销提供了广阔的市场，而以不同爱好、不同职业等集结的微群,也为微博营销提供了市场细分的可能;入驻微博平台门槛低、无障碍,让微博营销实现了低成本甚至是无成本运营。企业的微博营销以盈利为目的,传统媒体的微博营销,则主要是对媒体形象的塑造、维护和宣传。目前,在新浪网上开微博的传统媒体有《青年时报》《潇湘晨报》《新周刊》、湖南卫视、凤凰卫视、中央人民广播电台"中国之声"等,在这些媒体微博中,有的粉丝数量已达数十万之多。目前,一些媒体的微博营销已经取得了明显的效果,媒体的品牌形象得以丰满,其收视率、发行量增加,网站点击率上升,有的已带动了广告量的增加。

社会性媒体占据了大量受众的注意力,同时也激发并满足了网民的社会交往需求。传媒注意到新闻的社会交往功能,新闻机构纷纷在微博上开设机构账号,在微博上与受众沟通,进行营销。

媒体微博创造了一种面对面的氛围,拉近了与粉丝的距离。例如《新周刊》的官方微博推出的"早安帖"、"晚安帖",在每天的早上8点和晚上12点发出,主要选择一些有意蕴的名人名言或是发人深省的短小文字,与粉丝道早安、晚安。这样的行为本身并不具有新闻意义,却与受众建立了更加深厚和亲密的情谊。早安帖和晚安帖经常有五六千的转发量,转发和评论中很多粉丝还与《新周刊》互道早安、晚安,这样的小创意使其品牌变得更加亲切和人性化。

与快相对,微博上信息的准确性值得打个问号。发布新闻的人可能怀有特定目的:不管是打击自己的竞争对手还是获得更多的粉丝关注。即使排除这些因素,不具备辨析、鉴别信息真伪的精力和能力,容易发布或帮助扩散一些虚假的信息。对于微博上的信息,大多数人都存在着半信半疑的态度。因此,专业处理信息的新闻媒体,仍然承担着验证信息真假的把关职能。信息的真实性要求不能被快速淹没,这两方面的要求是相辅相成的。

大事发生,人们还是期待传统媒体发出权威的声音,这种经过审查和核实的新闻才是人们能够消解不确定性的新闻。微博上爆出的假新闻传播力量大,危害性也大,我们也看到常有专门的人士来纠正说法,但是并不是每一个先前接触到错误信息的人都能得到纠正的信息。

微博是即时的发布平台,而媒体或媒体人的页面又是一个"简历"。透过这些"简历",受众选择自己的把关人。受众选择媒体,乃至选择媒体的记者,都建立在相信媒体可以提供反映世界的真实场景的基础上。不论什么技术条件下,公信力仍然是新闻传播的大前提。在微博的世界中,信任链更加清晰,体现在转发数、粉丝数之中。建立自身的可信形象,维护公信力,无论对传统媒体还是新媒体,都是发展的基石。

> **编辑我要说**
> 网上的舆论力量对现实的推动作用不可低估,但也不是没有界限。目前中国使用微博的用户数量还是有限的,其社会影响力也是有边界的。

微博考验着传统媒介营销

2010年9月9日,尚扬互动副总监陈都烨难以抑制住兴奋的心情——就在刚刚结束的梅赛德斯-奔驰旗下微型车品牌smart的淘宝"团购"活动中,200辆售价在13.5万元的smart只用了不到3个半小时就在淘宝上被抢购一空。这是汽车品牌在国内首次在线销售汽车,同时也是淘宝团购历史上售价最高的商品,而如此之快的"成团"速度,超越了所有活动参与者的预期。"最初的心理底线是1个月。"虽然活动已经结束了好几个月,但作为这次项目的负责人,陈都烨仍然对这次"团购"的细节如数家珍。

实际上,smart能够通过电子商务的方式被"团购"成功,对于国内营销领域的震撼效果已经远远超越活动本身。"类似淘宝这样的电子商务平台同时扮演了3种角色:它既是销售平台,同时也是媒体,还是一个反馈信息的终端。"在分享这次活动经验时,尚扬媒介母公司群邑中国首席执行官李倩玲这样总结。而更令李倩玲倍感压力的是,肇始于互联网的数字化营销浪潮,目前所展现的能量似乎仍只是冰山一角,而它未知的边界正在挑战所有广告人的想象力。

作为一个受教于经典传播学理论、服务于传统广告公司的资深广告人,李倩玲现在身处变化的中心。不断推陈出新的技术、令人眼花缭乱的数字媒体形式以及与消费者之间日益迫近的距离,曾一度让她感觉到压力。

2008年5月,在一次由群邑内部100名中高层经理参加的"佰夫长"会议上,李倩玲用少有的凝重语气告诫大家:"如果群邑还不在数字媒体上有自己的创意,如果还不重视数字业务,那未来只能是死路一条。"李倩玲的这番话,令陈都烨印象深刻。

作为WPP集团旗下唯一的媒介投资管理集团,群邑旗下拥有凯帝珂、迈势、尚扬、竞立及传立5家代理商,2009年群邑在中国的媒介承揽额超过40亿美元,是中国最大的媒介投资管理机构。在广告行业,媒介代理公司负责制订媒体计划,协助广告主进行各类营销活动。用李倩玲的话说就是帮助广告主找到消费者并通过性价比最高的方式,将产品或品牌信息传递给他们。

传统4A广告公司兴盛于电视、报纸、广播等传统媒体占统治地位的时代,那时,广告人醉心于创作30秒、15秒的电视广告,认为一个好创意能够征服世界,而对于蓬勃兴起的互联网以及数字化浪潮刻意保持着距离,并没有投入太多精力。

传统广告公司对于数字业务的漠视主要是由于市场规模。直到2010年,在中国广告市场,互联网媒体广告占据全部广告市场的份额只有8.8%。在过去很多年,由于数字业务占据广告市场份额较低,大部分传统广告公司并没有自己的创意团队或媒介计划人员,而是选择与第三方公司合作,将数字业务外包。这种方式在李倩玲看来,无异于是将自己的命运掌握在别人手中。

2010年11月16日,在火热而爆棚的"新浪微博开发者大会"上,新浪高层宣布,微博的注册人数已经超过5000万。微博的快速崛起已经引起品牌商以及广告公司的瞩目。但微博上怎样做营销?现在这是包括李倩玲在内的广告人共同的问题。

从一些微博营销的成功案例不难发现:再小的企业,只要营销方法得当,一样会得到千百万粉丝的关注。但是,我们也经常会看到很多企业的官方微博还停留在直白广告的阶段,粉丝、转发和回复数寥寥无几,对于这些想做,或者已经尝试在做微博营销的企业们,如何才能玩儿转微博?如何才能低成本获得高回报?仍然没有标准答案。

> **编辑我要说**
>
> 面对数字化浪潮,不应大惊小怪。其实无论技术如何改变,营销的本质并没有改变。媒介营销的工作都是帮助客户,找到消费者。

对微博营销进行评估

前段时间,对于新浪微博这个平台的估值成了热点,那么这个平台究竟为多少?每个人似乎都有自己的估值。对于新浪微博的估值可能来自于一个传闻。有传闻说百度携手阿里巴巴一亿美金入股新浪微博获得20%的股份,如果按照这个算法,那么新浪微博的估值应该5亿美元左右。

随后知名的行业人士对新浪微博估值究竟有多少发表了各自的意

见：创新工场的李开复说新浪微博的估值在10亿美元左右，易凯资本CEO王冉认为新浪微博的估值应该在20-30亿美元之间……

似乎是为了验证外界对于新浪微博的估值，有媒体爆料说新浪的高管们成立了两家和新浪微博有关的公司，并且猜测为上市铺路。

这有点不太靠谱，看的有点远了。对于新浪微博而言，目前谈分拆上市似乎还早，除了在竞争中保持领先并且使得应用更加的普及外，新浪微博想要上市还要解决商业模式的问题。

如果作为新浪的一部分，新浪微博的盈利问题倒不是很着急的问题，保持强大的影响自然可以为新浪吸引足够的广告客户；但是如果独立运营，那么商业模式就成为考核新浪微博估值的重要标准。

新浪微博究竟会演化为向用户收钱的微支付模式，还是继续走品牌广告的商业模式，又或者能够找到两者结合的模糊商业路线，都是新浪微博估值最重要的因素。

对新浪管理层而言，提前布局微博独立很重要，着眼未来平衡公司内部利益；但是对于外界而言，过多纠结于新浪微博的估值多少有点叶公好龙。

如果发展的足够好，并且解决好商业模式问题，自然可以获得更高的估值；如果仅仅保持强大的影响力，商业模式持续的模糊，那么估值自然就会相对客观一些；可是，万一发展不利，或者被竞争对手、或者被其他应用取代，那么贬值是在所难免的。

微博的营销有多大？微博对于企业的营销价值有多大？从2010年来看，微博（新浪微博）并没有出现足够精彩的案例；从世界范畴内来看，福布斯评选出的互动广告十佳案例也和twitter无关——目前被称道的商业案例，更多的还是来自于对于案例本身的包装。

当然，这并不是否认微博的重要性以及成长性，只是想说，就好像新浪在寻找微博的商业模式一样，企业也在研究如何在微博获得更大的营销价值——只有多数企业的营销向微博倾斜的时候，微博的商业价值才能够得到最大化体现。

Google的高市值来自于其为企业提供了到目前最成功的广告平台；facebook的高估值来自于外界对于其取代google的强烈信心，当然，SNS

的企业主页也很合乎企业的营销需求。

　　微博虽然在国内的信息传播领域可谓革命性的成功，但是企业似乎都没有找到很好的营销方式；即使是开放平台，也没有诞生诸如偷菜之类的成功应用。或许当有如偷菜之类的普及型应用出现，微博对于企业的价值才会被重新定义。

　　目前来看，企业微博营销最普遍的就是开设官方账号，送礼吸引粉丝、通过微博的意见领袖组织活动以及召集试用等等。从现状来看，企业微博官方账号动辄上万乃至数十万的粉丝的活跃度和参与度都很一般，尤其是粉丝们是否是目前消费人群也是个很大的疑问。企业官方账户在人性化，那也是受到各种掣肘的，毕竟它是官方形象的展示，不可能做到太过于随意和随性。

　　微博对于企业而言，传播目前还是太浅，虽然即时但是不够丰富，虽然快速但是不够全面，尤其是在这样一个好事不出门坏事传千里的互联网传播时代，微博对于企业而言甚至有一些鸡肋的味道。

　　毫无疑问，微博能够成为最火的应用，最应该感谢的就是孜孜不倦的微博用户，换个实在点说法，微博最值钱的就是这些账号——对于微博账号的商业化，个人是支持的，在这样一个通胀年代有机会弄点银子何乐而不为？只要掌握好度即可。

> **编辑我要说**
>
> 　　对于微博营销而言，找到那些具有专业影响力的微博账号可能是最先要做的，然后才能够针对这个人群做一些试用或者消费榜样的活动，帮助企业提升微博营销的价值。

第九章

微博营销贵在细致入微

在微博上，魅力显然就来自于微博发得如何。想在微博上赢得更多关注和喜爱，别无他法，只能一条条认真发布和回应。微博发布内容，首先要考虑的就是与自己品牌、产品、公司、行业领域等方面的相关性。如果不具备相关性，再幽默好玩再多人转的内容实际效果也不会比零好到哪里去。

大企业营销的前车之鉴

迄今为止,中小企业的微博营销都处在探索的阶段,还缺少成功的典范。在这样一个阶段,经常关注大企业的微博实践经验,搜集更多的这方面的信息,会给我们许多启发,避免走弯路。世界上许多500强企业,它们对互联网上新的平台和新的推广模式的出现,有很灵敏的嗅觉,一旦感觉很好,就会马上组建团队投入体验,获得比别人优先进入的权利。对于中小企业来说,它们由此产生的许多经验或者教训,都可以起到一种路牌的作用。

美国百思买公司是全球最大也是最富盛誉的零售企业之一,主营消费电子、家居、办公用品、电器、娱乐软件及其相关服务。这是一家勇于创新、不断壮大的公司,进入了财富杂志百强企业排名。百思买的成功归功于这家企业在美国、加拿大和中国的13万名员工的激情、智慧和专业技能。

据美国《纽约时报》报道,2009年10月5日,为了吸引2009年圣诞购物潮的人气,全球最大的销售商百思买公司打出Twitter大旗,用电视广告、网络行销等多样手段抢占消费者心目中的地位,其中最主要的就是组织2500名员工一起在Twitter上发送产品促销信息。

2500名员工是百思买公司最热情的、对产品知识最了解的员工组成的。他们有的来自门市店,有的来自公司总部。他们通过微博网站Twitter的电脑屏幕回答数十万客户对产品的各种疑问,解决技术难题和提供客户售后服务。同时,百思买又利用成千上万的客户反馈,制定和修正各种促销政策。这支团队还通过电视广告来推广自己。

位于美国伊利诺伊州的阿灵顿山庄的百思买门店人满为患,这时一位名叫杰瑞·德弗朗西斯科的员工匆匆忙忙跑到公司的电脑室里,利用Twitter网站里的公司账户告诉用户,百思买正在开展家庭影院产品的促销活动。信息发布完之后他又匆匆忙忙重返店内,向柜台前的消费者介绍商品信息。

百思买公司互动营销和新兴媒体总监布莱德·史密斯(Brad Smith)说:"用户可以24小时与我们的员工交流。"在为感恩节周末的购物活动积极备战的过程中,Twelpforce为用户回答了2.5万个问题。

百思买公司说:"我们原有的营销模式是开门做生意等待客户上门。但是在全球化的信息世界,我们需要走出门去了解人们对电子产品的看法,还有他们的需求和兴趣。如果公司能够提供好的产品,那么客户就会前来。"

IBM是世界上最大的电脑公司。除了微软公司外,它也是世界上在Twitter上留言最多的公司。到2009年2月,Twitter上已经出现了1000多个IBM公司的专业微博,而且这一数字依然在稳步增长。

IBM的员工每天在Twitter上参与的对话高达数千起。作为一家拥有无数商业和技术机密的公司,会不会担心自己的员工正在与谁交流?他们能不能确保自己的员工不会说出有损公司利益的事情?

在IBM总部,至今还没有阻止员工参与Twitter的规定,没有人控制员工使用Twitter的目的、时间和方式。员工可以同任何人谈论任何事情,任何人都可以关注正在进行的谈话。

IBM的员工们运用Twitter主要是为了相互交流。这些员工也同他们的合作伙伴、客户、零售商、媒体、分析师,以及公司生态系统的其他成员交谈。他们在Twitter上基本上都是在谈论与工作相关的事情。

IBM对于自己在Twitter上的实践是满意的,Twitter把员工和客户更紧密地联系在一起,使公司在整体上变得更加高效。IBM负责社会性媒体沟通事务的高级经理亚当·克里滕森说:"并没有由上至下的授权。一位员工某一天开始使用它,另一个人受其影响,也开始使用,就是这样。现在,

Twitter 正在被这家公司分散在世界各地、处于不同部门、位于许多功能级别的员工所使用。

当 Twitter 开始流行之后,IBM 并没有召开规划会议。员工们知道,这符合 IBM 一贯的做法:把责任从总部转移至公司与客户以及其他成员互动交流的前沿,这样 IBM 就会变得更加机敏而灵活。

总的来看,Twitter 让 IBM 的员工变得更聪明;而员工也认为,Twitter 是一个与聪明人建立关系的最佳平台,不管这些人身处何地,供职于什么公司,担任何种职务。

> **编辑我要说**
>
> 在一些成功的大企业,微博已经变成了公司的记者,他们以远远超过公司网站和公司博客的速度、效率传播着与公司相关的信息。

企业领导带头写微博

通过分析许多成功中小企业微博营销,我们常常会发现这些企业的董事长、总经理亲自玩微博。写微博是需要有激情的,这种激情如果来自董事长、总经理,就会带出一支微博团队来。

2010 年,义乌双童吸管的董事长楼仲平华丽转身,注册了淘金网,准备在互联网上零售日用百货。在这个时候,楼仲平恰恰遇上了微博热,他认真地把写微博作为熟悉互联网的第一堂课。

在楼仲平开通新浪微博不久，媒体上有一篇名为《一个企业家开通微博13天的感受》的文章。下面是主要内容的节选。

楼仲平，义乌双童吸管的董事长。双童吸管在义乌乃至全国都是大名鼎鼎的，因为全世界的吸管有四分之一是他们生产的。小产品，做到行业第一，并且影响世界，这也许就是西方人所说的隐形冠军。

这样一个企业家，现在要赶时髦，学微博了。我记得我们是在2010年杭州伟雅网商俱乐部的会议上认识的，那时候楼仲平还不知道微博为何物。会场上，用的是新浪微博直播大屏幕，它可以帮助会议所有成员互动。会上有一个互动环节，现场所有人员用手机发微博到指定号码，就可以参与大屏幕抽奖，许多企业家都在现场尝试，其中包括楼仲平。在大屏幕上公布中奖名单的人员中，还有楼仲平的名字，这是他第一次用手机微博。后来，楼仲平写微博几个月以后，有了一些新的体会。

楼仲平认识到，也许是自己对任何一项工作的专注和执著的习惯，在刚刚学写微博的初期还是很认真地去写的，每天坚持写几条，虽然初期会觉得没有东西可写，但自己还是把生活中的点点滴滴写成了微博，开始每天写个三、五条，后期增加到了十多条，几乎是每天不落，平均每天写的微博数量在一二十条，一段时间下来，自己对微博的认知和感悟也逐渐透彻了。当然付出必有回报，我的微博粉丝数量也在不经意间增加到了几千个，自己微博的社会化媒体价值也在短短两个月时间开始收到应有的效果。

对企业主的个人微博，楼仲平认为它应该是一部能够反映企业主思想的百科全书，是企业文化的窗口，让外界通过这个窗口来了解企业的发展历程，让社会了解到企业和这个企业主的方方面面，同时也让企业主实现多层面互动的目的，并在与粉丝的互动中享受他人的关爱和生活的乐趣。

以前，双童吸管和我自己基本都是通过政府和媒体取得社会资源的，但时过境迁，今天完全可以通过一些开放平台中取得，可以通过自身的努力参与引起社会的关注，给自己企业带来实际的商业价值。微博是企业的平民面包，谁都能做，谁都有机会到这个平台亮亮相，谁都可以发表意见和观点，都可以去做一些软性的推广，从而形成自己的圈子和互动平台。

另一个方面,微博营销往往是一些大企业不愿做和不好做的事情,短期内存在着缝隙机会,可以引导企业走差异化竞争,现在去做虽然不能立竿见影,但任何一件事情等到大家都看好且去做了也就没有机会了,所以这也是我们现阶段认真去做的一个原因。

　　从2010年8月份以后,楼仲平坚持写微博,平均每天10条,粉丝也已经增长过万。从初期的坚持到现在的初有成就,楼仲平的微博已经形成了自己的一个互动平台和发布窗口,每天只要我一上微博,那些长期互动的粉丝网友就会不断跟帖、不断互动、不断评论。现在楼仲平基本是每天上线两三个小时,大部分时间写一些原创微博,部分时间也做一些互动跟帖。很明显,经过一段的努力已经形成了自己的粉丝群体,养好了粉丝粘性,基本做到了每帖都有人转发,每帖都有粉丝评论,做到了与粉丝共分享、与网友共成长的阶段。

　　在微博里,有时候觉得圈子小,就像一个村庄,举手投足就能看到自己熟悉的身影,但不失为企业家的一种带有经营性质的休闲活动。

提升解决负面评论的能力

膜法世家是淘宝网上的一个 5 皇冠店铺,以 20 万笔生意无一差评扬名淘宝网。他们在启动企业的新浪微博以后,认真地把微博看成是和客户互动的最好渠道。他们有一个 7 人的微博管理团队,并且有一个和所有员工链接的 QQ 群,让每个员工都可以看到在新浪微博上发生的事情,汲取经验和教训,学会和客户的深度互动。

2010 年 8 月 26 日下午,在膜法世家 QQ 群里有一个微博管理员发在群里的页面,这个页面是一位顾客写在微博上的一则负面评论。管理员在做了页面以后,要求相关人员立即给予回复。

膜法世家对客户的这个负面评论是在 31 分钟里完成的。但是事情并没有结束,当天晚上,膜法世家的 QQ 群里出现了店主张目和她的团队成员的对话。

张目:请私信问一下,是哪位客服接待的她(顾客),我们马上调查处理,要告诉顾客,这个事情百分之百是我们的责任,是客服的处理方式有问题,我们会马上补发,并追究客服的责任,这是我们的工作不够细致,实在是对不起她,希望我们的及时补救可以得到她的谅解。

爱可(店长):已经发了私信问了,明天我再打个电话给她吧。是客服果果负责的,顾客说用红包拍下了,她都没有看。

建富(客服总监):小范早上说了以后,我就马上查看聊天记录了,接待的是一位新的客服。也跟负责带她的老客服说了,让她打电话给顾客道歉,并且看看怎么给顾客补发。

张目:好!建富要加强对新来客服的培训和监管了!在处理一些售后问题时,一定要尊重顾客的权益。不要为了公司的利益,给顾客造成不满或者心里很不舒服的感觉。你看看聊天记录,一定是客服不够灵活。要给顾客选择处理方式的权利,不是你说以后补发就以后补发的,要跟顾客商量。如果对方有不愿意的感觉,就马上补发。有的顾客是急用的,确实不愿意退款。漏发货是咱们的责任,不能逃避。这个客服要处理,至少要在绩效考核的打分上体现出来。

建富:顾客买了两个试用装,问运费为什么那么贵(20元),客服看都没看,就说是淘宝规定的,亲不信可以去问问。我觉得肯定是客服态度的问题,起码连看都没看就这样说,然后顾客很无奈地接受了。

爱可:好的,明天我们会把这件事处理好的。

张目:如果是没有转正的,在会议上要提出批评,目的是提醒所有的新客服,不要犯同样的错误,运费不可能是20啊!这个客服的责任心太差,态度也很有问题,你们去跟顾客好好解释一下。谁的手下,谁负责处理,我觉得还是你们店长亲自打电话解释和道歉吧。我怕他们(新客服)没有经验,处理不好。你们处理好之后,下来再处理客服。当事人和带她的师傅,该批评就批评,该教育就教育。如果是接二连三客服出现问题,我觉得你们就要特别注意了。最近你们两个店长要给客服开会,新老客服一起开,要再次强调责任心的问题。除了平时查看聊天记录外,开会也很有必要,应随时给大家敲警钟。

我们可以看到,对新浪微博上出现的顾客负面评论,膜法世家已经到了兴师动众的地步。顾客的这条微博是14:27发出的,负责监管的霞怡在14:48已经对话顾客了。顾客在14:50的时候说明客服MM已经处理完了。14:58的时候,就是顾客发帖31分钟的时候,顾客发出了"支持你们,加油"的鼓励。而在当天晚上,店主、客服总监、店长在QQ群里对这件事情做了再讨论,举一反三,改善服务。

千金难买影响力,这已经是做营销的人都懂的道理了。但是,在社会化媒体时代,靠广告获得影响力的方法已趋落后。在社群里、微博里,靠源源不断的自给动力和受众对话,在对话中纠正和提高自己的服务,这种影响力才是互联网时代真正千金难买的。

> **编辑我要说**
>
> 在网络上做销售,纠错关系到客户的体验;纠错的最好方法是对话;纠错是需要成本的,因此越早发现越容易纠错。

认真寻找目标客户

新浪微博上有 5000 万受众,虽然他们如同海洋中的水滴一样,但是每个人只要在微博上说话,就会留下可以记录的标记。微博平台上已经有了许多工具,以后还会有更多的新工具,依靠这些工具,你就有办法发现他们,找到他们。

在微博平台上,一个非常有趣的特色就是在这个平台上有许多朋友在谈论你的公司,谈论你的产品和服务,谈论你的同行,谈论和你相关行业的话题,这些碎碎语里镶嵌了太多的关键词,通过这样的关键词,你就可以找到对方。你可以在微博平台搜索框上搜索这样一连串的关键词,如你的产品的关键词、你的行业的关键词、你关注的地区的关键词、你关注的市场的关键词、你的公司的关键词、你的品牌的关键词、你的企业负责人的关键词、与行业意见领袖相关的关键词、相关话题的关键词等。在搜索以后,就会出现讨论者,他们很有可能就是你关注的客户。

有些用户因为产品的特殊性影响到隐私,不愿意在公开的场合暴露隐私。这个时候,私信就成为发现这些特殊群体的好工具了。例如,黑黛公司是用补发的方式帮助脱发者恢复形象和自信的,但是其用户有许多是不愿意在公开场合让大家知道他们是脱发的。新浪的私信工具就是一种和用户非公开的互动方式,有效保护了客户的隐私。黑黛公司说,他们在微博上发现客户,都是通过私信的方式,私信已经成为黑黛的一种很重要的和客户交流的工具。

通过群组发现大批目标客户。在新浪微博上,你可以自己组建群组,也可以加入到一些已经组建起来的群组。有许多群组会带有明显的产品关联、地区关联、性别关联,他们都为一些企业方便地联系目标客户创造了极好的条件。

微博上的投票功能,也是许多企业用来发现客户的工具。例如,恒达暖宝宝在一些有奖活动上,巧妙地设立了一些可以区别用户的特殊问题,然后用投票功能进行客户分类。

利用各种社会热点话题吸引客户。社交媒体有一个显著的特点,人们之间的交流是有内容的交流,这种内容如果是共同关心的,就会上升为话题讨论。聪明的企业就会举办各种话题讨论,从参与者中发现潜在客户。如果企业选择的热点话题是和新浪微博上的热点话题相通的,那么这样的话题参与的人会很广泛,也容易分类。例如,在情人节讨论"单身好还是非单身好?"。不管是站在哪个立场上,都会成为单身的,或者是非单身的某种产品的潜在客户。

利用节日话题寻找客户。许多节日话题是自然和某种产品有关联的,如型牌男装的企业微博在五一劳动节、父亲节组织和策划话题讨论,让更多男性受众体验他们的产品;还有爱尚鲜花网的微博,在母亲节策划写祝福语的活动、代送母亲鲜花的活动,都吸引了许多粉丝的参与,体验了鲜花传递感情的魅力。

发送新产品寻找体验者。对于化妆品、服装、特色小食品、家居产品等生产企业,在微博上发放新产品体验,也是很有效的吸引粉丝的方法。恒达暖宝宝在 2010 年 11 月份就送给 200 多位粉丝 6000 多片暖宝宝,让大家体验他们的新产品,并且在微博上反馈了暖宝宝的使用心得和感受;还有红色服饰的微博,春节前在新浪微博上送出 50 件女装的活动,吸引了 5000 多位粉丝参与;膜法世家、美袭来、凡茜品牌等都举办过多期产品免费体验活动,吸引了大批受众成为粉丝。

> **编辑我要说**
>
> 对于企业微博来说,需要不断创造有创意的话题和活动,才能源源不断地吸引更多的粉丝参与。这种创意活动需要一个团队经常碰撞,通过头脑风暴才能不断产生。

用心将客户组织起来

挖掘的客户其实是有两层含义的:一个是购买了我们的产品或者服务,成为用户;还有一个就是通过互动成为朋友,经常热心为品牌做推广。

在微博上发现了并且找到了这样的客户以后,并不等于已经拥有他们。从发现到拥有还需要一个工作过程,说明这个过程就是本文的内容——找到以后如何将他们组织起来。

在微博上一旦发现就要加对方成为好友。在微博上,如果发现有用户或粉丝在谈论企业相关的内容时,要像做功课一样马上加关注,让对方成为你的好友。这主要有两种做法:一种是在微博上建立微群,随时加入他们;还有一种是利用 QQ 群,向对方要 QQ 号,QQ 群的容量比较大,对话容易。有的企业建立的QQ群的人数已经有几千个,他们随意在里面发布自己对产品的评论,和企业互动,会员之间也有互动。

要及时感谢那些一直在关注你的人,以及给你提出各种建议的人,并对他们的谈论给予肯定的评论。记住,一定要给他们一个礼貌的答复,告诉他们,你对他们的关注深表谢意;同时,还要鼓励他们的这种行为。在语言的表达上要尽量让对方感觉你的坦诚和真诚,这样会让微博上的谈论者感觉到自己受到尊重、不同寻常,让他们感受到备受重视与认可,有一家人的感觉。这样一个小小的举动激发出来的口碑常常会让你大吃一惊,被尊重是激发粉丝热情的重要条件。

参与到讨论中去。假设你是做卸妆油产品的,而微博上可能有大量的谈论这类产品的用户,他们并不是在谈论和你的品牌有关的内容,而是单纯谈论这类产品,你的方法就是参与到这样的对话中,展示你在这个领域的专业知识和评论,做一个积极的贡献者。谈论者会因为有懂行的人参与而兴奋不已,他们会很快成为粉丝组建的社群。需要注意的是,不要把这样的场合看成是做广告的机会,稍不留神反而会起反作用。

在微博上要不怕寻找那些对你的产品和服务有意见、有怨言的人,要通过恰当的方式及时回复他们的各种问题,消除他们的疑虑与不满,这也是增加和粉丝或客户粘性的有效办法。其实大多数在微博上有抱怨的客户,他们是希望得到你的关注与重视的。最怕的是你的客户在微博上不断谈论你的产品或服务中存在的各种问题时,你视而不见、无动于衷。如果你及时处理问题,方法得当,让他们满意,这样的行为可能很快就会成为故事被广泛传播。

在微博上要将不同性质的粉丝进行分组管理。只要你活跃在微博上,每天就会有不同数量的粉丝关注你,这个时候如果不将这些粉丝进行分类,很难有效地和他们长期保持交流互动。我们可以将购买企业产品的客户分在企业用户组里,可以将咨询过企业各种有关产品或服务问题的粉丝分在潜在客户组里,可以将一些媒体记者分在媒体组里,可以将比较活跃的粉丝分在活跃粉丝组里,还可以把经常参加你组织的各种话题活动的粉丝分在活动组里。分组以后,你就可以根据不同粉丝的性质做有针对性的互动管理。

　　立即购网的成维忠总经理有一个形象的比喻,他认为微博会帮助立即购商城这样的B2C网站实现一种雪崩营销现象。他说,微博是座雪山,我们发的每条信息好比小雪球,从山顶纷纷滚落。对于电子商务初创公司和一些网货品牌,完全可以利用微博这个媒体特点不断去制造小雪球,说不定哪一天就产生小规模的雪崩。而后,因为各种巧合滚下的小雪崩,又说不定在什么时候会聚成一场威力巨大的雪崩效应。立即购网正在新浪微博上将这样的理念试验成为模式,他们要求员工写微博,鼓励客户写微博,吸引有共同理念的加盟商一起来写微博,他们之间是互通的,并且经常会有共同的话题和活动,制造更多的小雪崩。

> **编辑我要说**
>
> 观望是一种放弃,参与容易获得机会。微博营销已经开始,先是要求我们快速切入,取得领先的地位,然后进入体验阶段,慢慢体会。

学会在微博中植入广告

　　微博以迅雷不及掩耳之势渗入生活的方方面面,也让不少商家嗅到了商机。以微博迅速聚拢"粉丝",发布广告、提升品牌形象,线上线下互动,将品牌制胜的关键点转移到消费者身上的微博营销来势凶猛。

　　电子商务专家,北京正望咨询有限公司总裁吕伯望说,微博的关注度和影响力不容小觑,传统的单项信息输出的广告营销也渐渐让消费者视觉疲劳，加上微博营销成本准入门槛低，几乎不需要成本，这使一些商家嗅到了商机。很多企业通过开通微博，在微博领域推广自己的品牌影响力，微博正成为不少企业的一种营销新方式。

记者从新浪网获悉，目前在新浪微博注册并且通过相关资质审核的企业已经超过了一万家。娃哈哈、方太厨具、宜家家居、星巴克、香奈儿等各大品牌都较早通过新浪微博的官方认证，并聚集了数以万计的网络"粉丝"。

记者看到，在商家的微博中，除了商品介绍、促销活动信息等传统广告信息，还有企业的售后反馈、跟踪服务以及一些社会热点评论、嘘寒问暖的人性化信息，还包括一些线上线下的互动活动。

微博营销除了建立企业与消费者直接、互动的信息发布与沟通外，也成了连接企业与企业之间的"桥梁"。拥有LV旗舰店等一批奢侈品牌的北京金融街购物中心正式开通微博后，迅速受到了连卡佛等品牌的关注，商场和企业也通过这个平台集结起来。

在新浪网上已经开通了微博的绿茶餐厅负责人透露，开通微博后虽然对于销售业绩没有直接的影响，但关键就是提升人气、树立企业良好形象、增加销售渠道、提高品牌影响力。

"对很多商家而言，微博就像一个网络新闻发言人，它可能在你不花钱或者少花钱的条件下，让产品高频次深入曝光，带来大量潜在客户。"该负责人表示。

微博营销以其"近距离、零时差、平等对话"三大特点迅速成为传统企业开展电子商务营销的全新模式。"与电视报纸广告、发送传单、发送邮件等传统营销模式相比，微博发布的促销信息不再像是冷冰冰的广而告之，取而代之的是颇具感染力的图文互动。还有一些已经购买商品的消费者通过评论'现身说法'，令这条广告的参考价值、可信度、人情味大大提升。"吕伯望说。

在微博上，经常有发"广告"的需要。当然，这里说的"广告"不是那种正式的商业广告，而是想推广一些希望大家看到的信息内容，比如，帮自己的公司宣布一次用户调查活动，向网友介绍一个自己公司产品最好用的特性，向大家宣传公司的理念文化等等。

写"广告"和写普通的微博不同,一定要讲究技巧。因为微博从本质上说,是一个个性化的发布平台和社交平台,大家希望看到的,是对他们有价值的个性化内容,是朋友间的真情实感,而不是推送或强塞给他们的、赤裸裸的广告宣传。

刚开始写微博时,不要发"广告"性质的微博,否则,在你的第一批粉丝尚未了解你的时候,就伤害了他们的感情,可能导致你无法得到更多的粉丝。

偶尔发一点"广告"是可以的,但措辞上尽量不要太直接。如果可能,尽量用巧妙的嵌入手法,将广告"植入"到其他对粉丝们更有价值的内容里。

不要太频繁发"广告",也不要写太多自夸、自恋的内容。最好"广告"本身对大家也是有价值的,或者是大家关注、喜欢看的。

> **编辑我要说**
>
> 在微博上发放的"广告"最好能达到"非广告"的效果。从内容上看,对网友有价值,可以吸引人,不是纯粹的广告宣传;但又能在客观上起到广告宣传的功用。

彰显微博营销个性

一个简单的道理,生活中只有个性张力足够强才能容易被人记住。利用微博进行营销的道理也在于此,不管是个人还是企业想要通过微博展开营销,都得经过积累用户的过程。如何才能让更多的用户愿意成为你的听众？显而易见你需要足够的吸引力。

　　微博的出发点是根据品牌的定位来展开的，需要注意的是，你需要具有足够的特点和他人不同，更需要定位于一个特定的群体，而不是全部的用户。这种细化的定位就是具体到营销过程，你要怎样和用户交流，发布怎样的信息吸引用户关注。不能为了吸引用户背离自己营销的定位，八卦搞笑小段子大家确实喜欢听，但从营销的角度看，并不是进行品牌营销的明智之举。所以最关键的是找到愉悦大家眼球和产生营销价值之间的平衡点。这个平衡点便是你的个性所在。发布和营销相关的信息而大家又乐意接受，这便是营销的核心所在了。

　　很多人都说，要将你的用户当做小学生来对待，作为信息的发布者，营销非常重要的就是换位思考，换位成一个听众站在用户的角度思考，因为你发布的信息接受者乐意倾听才行。在做微博营销过程中，无品牌无人气的个人和商家都可以尽量淡化商家气息，面对用户，可以采用人和人的之间对等性交流方式，可能更容易让用户靠近。用一个人的个性去交流。

　　个性的建设还有一个重要的方面就是不要期望获得大众的喜爱而没有立场没有中心，而发布一些模棱两可的信息，模糊不确定的信息最容易引起用户反感。你所发布的信息一定是确定的，十分肯定的事实，而且一定是有用的。永远不要指望忽悠广大的用户。

　　2009年，恒达公司的贝贝熊暖宝宝在网络上的销售额达到1~2亿，一下子闻名遐迩，到了2010年，光浙江一带就出现了200多家工厂。许多工厂在产品质量上保证，用低价格冲击市场，使恒达公司面临新的竞争。

　　恒达公司总经理王志立介绍说，贝贝熊进入网络比较早，前一段的目标是追求销量，在许多企业跟上来以后，贝贝熊如果和他们一样用拼价格的方法去竞争总是成效有限的。开发新产品扩大市场才是更宽广的道路。暖宝宝的关键技术是对温度高低和时间长短的控制。掌握了这门技术，开发新产品就能够随心所欲了。

　　新疆哈密有一个地方，沙子里含的磁性高，成为沙疗的理想场地。但是因为气候原因，做沙疗的时间一年里只有一两个月。恒达公司在新疆的网络经销商给他们创意，如果能够生产一种暖贴来保证沙疗必须有的温度,哈密那个地方的沙疗就可以成为全年的了。恒达公司马上生产出一种"保健沙疗贴",可以让人一年四季在任何地方都能做这种保健沙疗。这个信息在互联网上传播以后,又给一些医院知道了,要求工厂进一步改进产品,配合医院的理疗,结果市场一下子就变大了。

暖宝宝原来是日本发明的,已经有30多年的历史,为什么在产品的个性化生产上反而不如中国呢?原因很简单,中国企业销售暖宝宝的主要通道是互联网,可以和终端客户互动,有较好的粘性。中国的生产设备小型化,适合生产多样化的个性产品,下决心生产比较容易。个性化产品一旦开发出来以后,在互联网上一公布,很快就能够聚拢一定数量的订单,成为一个大的需求。一个企业在生产个性化产品的时候,承担的风险并不大,只要善于利用互联网,更快传播自己的新产品信息,会很容易找到更多有这种需求的客户。

前几年,恒达公司只生产单种暖贴产品,市场销售有明显的淡季旺季区别,往往一年只忙六个月。但是从2010年开始,随着许多个性需求产品的研制和销售,工厂已经没有淡季了。王总认为,互联网上的互动营销,会帮助他们研制和生产出更多个性定制的产品的。

编辑我要说

无品牌无人气的个人或小商家,自我的个性就是要建立品牌微博。必须和他人不同,才可能有好的微博营销。

企业微博建设需要策略

互联网经历了由单向、静态、受众被动接受信息到分享、主动参与再到移动化、人人即时参与的三个阶段。在第三阶段微博的出现意味着web3.0真正的到来,微博虽然只是一个信息交流平台,但如果用在企业手中,那就是一个高效的媒体传播工具。新浪、腾讯、搜狐、网易高调上线微博,微博已经当之无愧成为兵家必争之地。

微博占据营销方式的比重越来越大,随着微迷的迅增,随着微博本身作为媒体的成熟,基于微博的微营销将成为很多企业树立企业形象,提高产品知名度,扩大市场占有率的一把宝剑。

形象是最好的代言,人的穿着,产品的包装,网站整个美观度都是吸引人眼球的因素之一,所以我们必须要好好地"装修"一下企业的微博,保持界面的整洁性与统一性。体现整洁大方,这样可以给网友一种舒服感和信任感。与众不同,让你脱颖而出。我们在开通新浪微博、腾讯微博、搜狐微博等不同平台的时候,在头像、个性域名以及背景设置等一定要保持统一性,这样才能显得专一,更有利于企业产品的宣传。

由于微博具有高度的传播性,可以实现有的放矢,如果传递给消费者混乱或者过多的信息点,他们肯定会避而远之。所以要产品定位,明确目标,保持你的品牌主张明确、重点突出很重要。术业有专攻,想想百度专注于搜索,阿里巴巴专注于电子商务,他们始终保持简单,而且微博的特点是最多只能传播140个字,所以你传播的内容一定要用140个字说清楚,这就需要提炼有价值的信息，因为只有有价值的信息，受众才愿意去分享，才能与受众产生共鸣，这样就有越来越多的人去分享、去讨论。因此能将你的信息传播得更远，更加强化了目标人群对品牌记忆和认同感。

一个好的微博背后一定有个坚强的后盾，微博的后盾就是优质的粉丝团，他们的转发、评论以一传十、十传百、百传千的速度传播，特别是"名人"的关注，产生的效果更是不可小觑的。在做微博营销的初期，因为粉丝较少，很难体会到微博营销的快乐和成就感，只有有了一定的粉丝群体，才能形成企业自己的自媒体，这样在传播信息的过程中才能达到品牌传播的目的，所以在初期一定坚持下来，不断通过各种方式去培养自己的粉丝群体。

如果要提高推广效果，首先从昵称的选择上要注意，还有就是及时更新。需要关注热门话题、热门微博主、关注社会时局、以及你粉丝喜欢的内容，这样可以提高你的微博被曝光的几率，你后面的队伍将越来越庞大。

企业微博的粉丝也是人，如果你的总是千篇一律、一律千篇，这样的话你的微博恐怕永远要淹没在人群中了，只有鹤立鸡群才能赢来更多的关注，所以你必须找到一种方法来破局。要怎么做？答案很简单，背后要有个有创意的团队。敢于突破和尝试，总归就是如何利用你的创意点激发起受众的某种情绪，让其产生与朋友分享的欲望。道理很简单，实施起来却非易事，这就需要企业有一个好的团队去管理你的企业微博。

微博是一个交流互动的工具，所以微博营销也就是互动营销的一种表现方式，作为企业主，要不断的和粉丝群体以及其他传播内容相关的群体去互动，相互交流，在交流中留下足迹，在交流中传播品牌信息，在互动中传递品牌价值，通过互动，耳濡目染，加深目标人群对于品牌的记忆和信任感，这也是企业微博所要达到的一个目的。

编辑我要说

千千万万的粉丝，各有各自的嗜好，企业要有策略应对。

微博营销的反面教材

2010年8月28日,新浪微博一周年。这一天,一场"微博快跑"活动绕城举行:十辆造型各异的MINI微博车队,载着特色礼物和8名网上征集的微博用户,从中关村出发,穿越北京的大街小巷,途经五道口、鸟巢、朝阳公园、天坛、西单、南锣鼓巷等北京地标性场所,将微博"随时随地分享"的精神传递给每一个路人。

"微博快跑"是新浪为庆祝微博开通一周年而组织的活动,是国内微博产品第一次大规模从线上延伸到线下,充分利用微博创新的特点,大胆突破常规的活动模式,以活动造事件,让博友自己创造内容并帮助传播。

从8月20日开始,"微博快跑"官方微博ID成立,通过话题讨论、悬念设置、投票PK、礼品激励等为活动预热。活动当天,车队每到一站都会组织车内、现场和线上的网友进行互动,共产生30000多条微博内容,引发各大媒体高度关注和报道。活动结束后第三天,百度搜索"微博快跑"获得71万条相关结果。通过裂变式的传播,"微博快跑"的信息瞬间传递到了更多的网民,用户品牌好感度、忠诚度大幅提升。因此,从某种意义上来说,这不只是一场成功的庆生秀,更是新浪微博发展的新起点。但是,微博营销跑得太快也是会有麻烦的

42篇微博,一道"笔误门",2天内让金山软件(03888.HK)在港股暴跌达到13.88%(5月25日下跌2.24%,5月26日又重挫11.9%),创下52周来新低,一天之内蒸发逾6亿港元市值。由于各大网媒的疯狂爆炒和十几万网民热情参与,360董事长周鸿祎借微博炮轰金山的举动也已被网友喻为"中国微博营销第一案"。

5月25日、26日、27日,360安全卫士董事长周鸿祎在新浪、搜狐、网易、腾讯等四大门户微博上,每天密集发布数十篇博文,向公众披露360与

金山的恩怨和杀毒行业互相攻击的黑幕。周鸿祎用调侃的文字、大量详实数据，指出金山网盾破坏 360 产品的细节，最终导致 360 被迫放弃其兼容。很快，金山安全负责人也加入战团，在针锋相对回应周的同时，也承认了金山在 AVC 评测上存在"宣传上的失误"，同时还称金山已于 25 日修复了金山网盾的"技术漏洞"。

而此前，对 360 指出金山网盾存在的高危漏洞，金山曾以高调否认来回应。由于金山毒霸将所获 AVC"倒数第一"的成绩宣传成"全球第一"，打假名人王海刚刚将北京金山软件有限公司和销售商连邦公司起诉到法院，并以涉嫌虚假宣传为由双倍索赔。随后，金山公司回应称系工作人员笔误。此事迅速被微博网友热炒为"史上最牛笔误"，又称金山"笔误门"。

金山与 360 口水事件的戏剧化发展，加上各大微博纷纷重点推荐由周鸿祎发起的这一微博大战，吸引了十几万网民驻足"观战"，以至于有网民留言称"班也没心思上了，就跟看戏似的，早早搬个小板凳等着直播"。

截至 27 日 16 时，周鸿祎在新浪微博上已拥有 52186 个粉丝，在腾讯微博拥有 31055 个，48 小时内均翻了好几番。

回望过去，距 2006 年 Twitter 现身美国已有 5 年，但在中国，微博真正进入人们的生活才不过 2 年。许多中国微博先驱者先后进行了不懈探索，但大多以倒下告终，直到 2009 年 8 月新浪微博正式开通。新浪微博沿用博客推广的成功经验，短时间内迅速掀起国内微博风潮，"你围脖（微博）了吗？"成为很多人寒暄的第一句话。

作为国内最早由门户网站推出的微博，新浪微博已成为国内微博领域的领先者。《中国微博元年市场白皮书》数据显示，随着用户数的不断增长，新浪微博上每天都会产生海量信息。2010 年 7 月，新浪微博产生的总微博数超过 9000 万，每天产生的微博数超过 300 万，平均每秒会有近 40 条微博产生。这么庞大的数量，这么快的速度，不出点问题反而显得不正常。

编辑我要说

任何事物都有两面，有好的一面就有不好的一面，微博和微博营销也不例外。

第十章

小微博造就无数成功案例

> 未来,微博必将成为兵家必争之地,可以预见的是:基于微博的微营销也将成为不少企业下一步的营销重点。微博营销是一种全新的营销形式,这种圈层营销彻底打破了以往金字塔式的营销。但从整体上看,目前国内企业借助微博营销的步伐才刚刚启动,仍处于试水阶段。

凯迪拉克的大气微博

如今的情人节似乎已经与春节形成了两种氛围，前者是浪漫且充满了无限的温馨与遐想，而后者则是无限的温馨与温暖背后的百无聊赖。2011,情人节带自己的爱人到陕西凯迪拉克展厅,享受大不同的情人节。

陕西凯盛凯迪拉克品鉴中心在情人节期间特别推出了"CTS爱侣版"车型,乳白色的外观与时尚的神秘黑色内饰,让春天一下子充满了无限的浪漫。同时,你还可以用手机、DV、DC等一切可以留下美丽瞬间的器材,把所有的感动用微博传播到网上。

不但有鲜花、有巧克力,更可以享受到我们中国特色——红包,更有机会冲击500万元现金大奖,这就是极富凯迪拉克色彩的中国式的情人节。

发发感慨、晒晒心情、现场分享的微博,这玩意儿能干啥？对广州的车行们来说,它们可不这么看。

前些时间,凯迪拉克广东粤凯4S店的官方微博上,迎来了一位特殊的粉丝。一位名叫"佩佩小姐"的粉丝静悄悄地加了它,这位佩佩小姐没有加V。互粉后,双方通过几封简单的微博私信,简单地询了下价格,"佩佩小姐"下线消失了。

几天后,一位自称是"佩佩小姐"的靓女来到店里。找人,交钱,下订,不到几分钟,一辆近50万元的凯迪拉克SLS赛威成功售出。

这让这家广州车行颇感惊喜。一不小心,这次微博卖车成了广州微博卖车的第一案例。

这位"佩佩小姐"家住顺德,姓何,是一位三岁小男孩的妈妈,时尚、青春、充满活力。

2010年8月,何小姐在新浪微博上注册了一个账号,取名叫"佩佩小姐",几天后,转身她就变成了"微博控"。

"佩佩小姐"是吴彦祖的粉丝,在网上,她看到了吴彦祖领衔主演的微电影《一触即发》中SLS赛威2.0TSIDI的宣传片,超强冲击力的影音效果和精彩悬念的剧情,让"佩佩小姐"惊叹吴彦祖够帅,同时她也神往SLS赛威的酷。

于是,"佩佩小姐"开始关注有关SLS赛威的所有信息,包括车型的信息、车主的评价、4S店的更新等等。

"老公,我们换车就买SLS赛威吧。"

"佩佩小姐"将有关SLS赛威的资讯和图片给老公看后,她老公也觉得SLS赛威给人一种大气、稳重、高档但又充满活力的年轻感觉,跟他们的身份非常符合。

"佩佩小姐"说,因为工作太忙抽不出空,再加上顺德也没有凯迪拉克4S店,小两口一直都没有时间去店里看车。

"不想浪费时间去广州,通过微博谈价,比较简单。""佩佩小姐"接受记者采访时说,尽管工作很忙,但是每天都会忙里偷闲上上微博,随时随地关注信息变化,自己周边没有凯迪拉克的4S店,大老远地跑一趟广州也不愿意,但上网就随时随地了。

"现在经销商都有官方微博,而且经过认证,加了'V',可直接在上面私信他们。"

在"佩佩小姐"看来,在微博上问价和在4S店里面没有区别。于是她开始关注凯迪拉克广州的4S店的微博,发现广东粤凯4S店人气最旺,还有人文关怀,尤其是一位位车主的交车照片让她更是羡慕,很希望自己能成为其中一员。

3月28日,她开始私信广东粤凯,表明自己想买SLS赛威,问有什么颜色可供选择、价格如何等。

"但凡车主有疑问我们都会解答。"负责管理凯迪拉克广东粤凯官方微博的市场总监王帅对此一开始也很意外,他向记者解释说,微博一直只作为品牌宣传的途径,压根没有想到车主会上来买车,最后居然还能成交。

"我没有想到,这个加过 V 的官方微博很认真,它每个问题都能第一时间回答你。"

"佩佩小姐"和老公商量后,决定 4 月 3 日到店看车,并和粤凯店约好时间。小两口到店看过并试乘试驾后,更是喜欢,当天就下了订金。

尽管订金已下,何小姐此后和这个店的联系,大多还是通过微博。

"开通 4S 店官方微博,最初的目的只是想让更多的准客户了解店里的各项服务和活动,并没有想过能卖车。"

广东粤凯市场总监王帅向记者解释说,凯迪拉克一直有要求经销商开通微博,配合扩大宣传,在开微博之初甚至有点"被逼"的感觉,但现在看来"甜头"很大。

经销商利用微博平台,开展了多种多样的活动,并及时发布促销信息,一定程度上促进了销量。

人保电话车险趣味营销

人保电话车险 2011 年 4 月宣布,其微博客服平台正式开通。该公司是首家在微博建立直接客服通道的保险公司。

据介绍,目前该平台仅针对北京地区开放客户服务,未来将覆盖到全国范围。人保电话车险客服人员将通过微博及时接收和反馈用户的售后咨询,并且通过沟通、回复等方式,第一时间回答用户的疑问,及时帮助用户解决问题。

新浪微博网友小张是位微博达人,也是爱车一族,平日里喜欢在微博上分享自己爱车的一点一滴,关于爱车的保险事宜也是极其关切,经过多方面的细致比较,选择了现在最为火热的电话车险为爱车穿上"防护衣"。小张对记者兴致勃勃地谈到:"我这几天逛微博发现我投的人保电话车险还开通了微博在线客服,以后有什么问题可以直接在这里留言就好了,还有完备的理赔服务答案库可以参考,真是太方便了。"

小张得知人保电话车险提供多项增值服务,其中有一项是免费事故车托管服务,小张觉得这项增值服务对自己非常有用,想仔细了解其中的细则,以备后患,于是在微博中@了人保电话车险微博客服:"什么情况下可以申请人保电话车险免费事故车托管服务?"客服回复到:"您需要同时满足以下条件:

1.购买人保电话车险的客户;

2.在保险范围内单方事故,可提供现场进行查勘;

3.车辆可正常行驶,无人伤;

4.同意选择在合作修理机构进行车辆修理;

5.接车地点和事故现场在北京市五环(含)内。"

小张连连感叹:"微博真厉害。"帮她及时解答疑问,细心的她还发现人保电话车险客服微博已将这条发表出来,供以后有类似问题的粉丝参考。

现在不少网友都深有体会:"一条微博的力量越来越大。"确实,微博应用的多元化、多平台、传播快的模式决定了微博的持续迅速发展,在微博世界中,企业微博也愈发成熟。人保电话车险开创电话车险微博时代之先河,成为业内试水微博的"第一人",于 2010 年 5 月份在新浪通过 V 认证,并迅速积累了大量的粉丝。

人保电话车险客服微博平台的开通能够与用户、网友产生很好的互动,不仅使用户获得更多的信息与便捷性,更能对人保电话车险用户直接反馈的信息进行收集与分析,形成"用户提出问题——客服回答问题——内部回馈分析问题——服务内容完善—服务用户"的系列良性循环,利于对服务内容有针对性的提高,从而进一步完善服务。

对此,业内人士再次强调:"当前电话车险市场的竞争说到底是争夺用户的竞争,谁要拥有竞争对手难以获得的竞争优势,谁就能获得更多的用户份额。如今,以车险服务内容为核心的同质性竞争越来越强,那么,创新的营销模式及服务模式则是通往高地的有利通道。"

人保电话车险客服的'微服务',能够让企业与用户进行实时的沟通、便捷的互动和深度的交流,用户在互动中得到企业实时的服务反馈,服务品质及效果均能够得到保证,有效缩短了企业对用户需求的响应时间。

人保电话车险作为业内领头羊,始终以服务品质为发展核心,并积极开创新的营销服务模式,其微博客服的成功开通将服务深层次植入,开启了电话车险客户服务模式新篇章,形成以电话服务中心、终端服务平台、微博客服平台三大立体式的服务模式,将多方位的、有效的、及时的为用户答疑解惑,增强用户体验感,赢得业界内外一致的品牌美誉度,并博得行业创新服务头彩。

微博营销的应用不限于哪一种行业,随着微博普及程度越来越高,各种类型的大小企业都会登上微博营销的舞台。

伊利舒化"活力宝贝"促销

在 2010 世界杯这四年一度的盛事中,足球无疑又创造了新的历史。本届世界杯不仅为世人带来了华丽的足球盛宴,无数关于体育运动精神、国家精神、甚至各种八卦的谈资,还为中国的品牌营销和传播史点燃了新的篇章。

当中国人开始意识到博客的营销价值、开始尝试在博客中植入广告、分享链接的时候,国外的品牌早已尝到了 Twiter 互动营销的甜头。而在此时的中国,微博仅仅还是一个新鲜玩意儿。

作为全新的互动类媒体,微博的作用其实已经渐渐凸显,仅世界杯这一项世界性事件就让众多的球迷、伪球迷、关注者不乏心力地盘踞到了微薄的世界里。就新浪的"围观世界杯"主题活动而言,网友不仅可以利用网络、手机等微博载体随时关注球赛进程,时时分享赛场信息和意见领袖的侃球言论,还可以方便地添加自己喜爱的球队标签,并找到与自己"球味相同"的球友,与这些同一"战壕"的明星和朋友们侃球,为自己钟爱的球队加油助威,与成百上千万的粉丝共享快乐时光。

因为时差原因,中国球迷们常常要消耗大量的体力熬夜看球,这也使得很多人白天精神不佳,所以源源不断的活力补充是每个球迷都需要的,这也是伊利营养舒化奶开展这次营销活动的初衷。舒化奶作为一种高水解率低乳糖牛奶,口感微甜,营养能被身体快速吸收,迅速帮助球迷补充熬夜看球而流失的体力,让球迷们不再为担心第二天工作而影响观球的兴致。

而作为新兴媒体平台的应用者，新浪微博用户群中的庞大球迷还具有高素质、高学历、高收入的特点，这恰恰也是伊利营养舒化奶的目标消费群体。因此，选择微博作为世界杯营销的主平台也恰恰反映了伊利营养舒化奶的深思熟虑。

为了充分利用微博平台的互动沟通优势，伊利营养舒化奶还特意设置了与世界杯及足球话题相关的微博账号"活力宝贝"作为围脖代言，并且24小时不间断地为球迷们提供世界杯的各种信息。从比赛赛制，到出场阵营；从开赛预测，到比赛结果；从球星八卦，到太太团花边新闻；无一例外都是实时更新，百分百的人性化信息报道，目的就是帮助球迷们全方位了解世界杯，提升发布信息的关注度，从而不断壮大粉丝团的规模。

每场比赛活力宝贝都会激情四射地发言，更新呐喊助威的口号。为了更好的调动球迷们的观赛热情，活力宝贝还专门组织了回复微博猜制胜球、猜比分赢舒化奶的活动，使得球迷的观赛体验变得更加刺激，紧张和精彩。除此之外，为了广大球迷的身体健康，活力宝贝还会不定时地提示大家要注意补充体力，保持身体活力。

与以往企业微博只是简单发布产品信息和告知品牌活动不同，这么人性化的内容经营以及即时的在线互动机制，不得不使之成为这个微博互动营销事件的画龙点睛之笔。随着世界杯的进行，活力宝贝微博粉丝的数量在短短一个半月的时间就已超过七万人规模，一举成为新浪企业/公司类微博冠军，远远超过了世界知名品牌诸如诺基亚、耐克、肯德基等官方微博的粉丝数。

这次成功的微博营销活动，足以证明企业和消费者的关系已经改变。他们的沟通已经不仅仅是一张平面广告、一次终端体验、一次促销，微博的内容营销使得消费者成为了整个事件的制造者、参与者和传播者，企业在整个过程中更像是活动的号召者和组织者。消费者和企业之间的关系变得更加像"朋友"的关系。微博营销让企业更加灵活、直接、有效地与消费者进行互动，让消费者在一种积极主动的状态下，更加及时、清晰、不设防的了解企业和企业的产品。

伊利营养舒化奶世界杯微博活动的成功，不但说明了其在网络营销领域中作为"思考领导者"的勇气和魄力，同时还从其独特的人性化互动营销方式中展现了伊利品牌的诚意和用心。

编辑我要说

如果说微博是品牌营销的新战场，那么可以说，每个企业都应抢占先机。

东航微博彰显无限的力量

2011年2月3日，"东航机务茶社"在新浪微博上收到了来自网友@小朋友吧的求助，网友全家带宝宝去新疆度假，小宝宝拉肚子一周了，但是当地有二种药买不到，急需帮忙从上海带药到乌鲁木齐。得知这一情况，"东航机务茶社"管理员立刻前往就近医院根据宝宝的病情请医生配药。为了让宝宝尽快用上药，管理员及时与"东航凌燕"取得联系，将相关情况与第二天飞乌鲁木齐航班的乘务长姚婧、虹桥航线部党委书记朱敏华做了沟通。

中国东方航空股份有限公司乘务与机务的爱心通道快速建立起来，次日清早由凌燕与东航机务共同传递的爱心药物搭载MU5633航班飞向乌鲁木齐。当晚7点，网友@小朋友吧顺利拿到了药物。航程有限，真诚无限。从求助到得到帮助，前后只用了一天的时间，东航团队的迅速反应让爱心跨越了距离。

东航近年致力于品牌服务理念，在经营效益、服务质量、品牌建设方面做了大量的工作。2010年提出的"爱在东航"的大型社会公益理念，更是通过"扶助、爱心"的理念，在社会各界取得了广泛的关注和良好的效果。

"东航凌燕"与"东航机务茶社"是乘务和机务在网络中开设的半官方的沟通平台，作为东航服务品牌和爱心理念的网络延伸，自开办以来，粉丝数迅速增长，社会公信度也逐步增长。这次的空中爱心送药行动，用网络连接起空地服务一体化的崭新服务模式，体现出来自东航的精致服务理念。航程有限，爱心无价。

在抗击2011年第9号超强台风"梅花"的整个过程中，东航工程技术公司的"东航机务茶社"（简称"茶社"）和东航上海客舱部的"东航凌燕"（简称"凌燕"）充分利用新媒体平台快速、高效、传播面广等特点，及时发布最新航班动态，起到了沟通协调旅客，方便出行的目的。

此次，民航业利用新媒体微博平台及时发布公司航班信息并积极与旅客沟通的新形式探索值得我们深思与总结。或许微博只能起到辅助的作用，但不可否认，因为它的存在，沟通更迅捷，传播更广泛，它正逐渐被旅客所接受。

通过事先制定的台风预案，茶社和凌燕的管理团队从一周前就开始关注此次台风的动向。8月5日晚5点，茶社和凌燕先后在各自微博发布了台风预警信息："台风'梅花'逼近，根据气象部门预报，台风'梅花'预计8月6日影响上海、浙江及福建北部沿海地区。东航和上航已发布台风预警，制定了相关应急预案，将及时发布航班信息。东航和上航提醒广大旅客注意天气变化，出行前通过95530客服热线查询确认航班信息，以便妥善安排行程。"

根据近期茶社微博后台数据统计，在8月5日-8日期间，新浪微博上有关东航的相关帖子共计高达6083条左右，约比平时高出23.8%。显然台风带来的航班变更对于公司在网络上的影响与我们先前估算的较为一致。相关航班信息发布后几小时内，转发数迅猛，获得了新浪航空、民航资源网等相关主流媒体的转发，在微博上以裂变式的形态迅速传播开来，诸多旅客在微博平台得知最新信息。

　　茶社和凌燕在微博上一共拥有近5万名粉丝,博客总访问量在百万以上,在东航的品牌宣传中树立了良好的口碑。此次抗击台风过程中所发布的消息平均每条转发数都数以百计,同时机务茶社在新浪网被推荐的博文让旅客及时了解航班动态。

　　当天,茶社和凌燕博客微博浏览数量比往日猛增数倍,近千人次对两大微博发布内容做了及时的转发,同时在新浪网被推荐的博文让旅客及时了解航班动态,体现出在紧急事件发生时,东航运用新媒体所产生的巨大效应。

　　微博在企业的应用已逐渐普及,它作为产品信息的发布中心、实时的客户服务平台、客户数据库、产品测试和市场导入的辅助平台,正逐渐被各大小企业所重视,相信新媒体工具微博必将成为公司对内对外协调沟通,塑造企业品牌有力的武器。

　　微博营销不见得就是直接营销某种产品,可能是一种服务,也可能是一种关怀,有时销售的只是一种关系。

华硕独树一帜个性十足

"达达真人漫画"是华硕为其上网本产品 EeePC 制定的营销活动。活动以目前国内外比较前卫的真人漫画为主要形式，并选择了搜狐和新浪这两大目前人气最高的微博作为传播平台。漫画通过一个个职场故事和精辟的观点，向读者传递一种"轻松对待工作，生活才会容易"的观点。活动一经推出之后，便得到众多网友的喜爱和分享，仅在一个星期内，搜狐上的达达微博便引来超过 7000 的粉丝，转载量更是接近 2000 次。许多网友纷纷留言，对漫画中描绘的情境和观点表示同感和认同。

摄影和漫画是目前最普遍的两种图片展示形式，因其特有的真实、生动和夸张、搞笑而受到广泛接受和喜爱。"达达真人漫画"却对这两种传统形式进行创新，将真人与漫画相结合，利用真人表演漫画秀，从而创造出了全新的视觉享受。由真人和实物构成的主画面，在卡通头像和文字、符号的配合下，使得漫画既有其本身的夸张与趣味，又有摄影的写实与生动，因此这种新颖的表现形式赢得了许多网友的喜爱。

多数微博上传播的产品或服务的信息如，价格、质量、性能、优缺点等，是对产品或服务的直接描述，换而言之是一种理性信息。这样的做法一是能为企业带来直接的产品订单，二是利用了微博传播直截了当的特点。然而，在工业与技术如此发达的今天，同等级产品之间的质量与功能的差距几乎到了消费者无法分辨的程度，理性信息对购买的决定能力也因此而淡化。在这种情况下，产品所能带来的情感附加价值则显得更为重要，很多时候成为消费者购买的决定因素。

正是由于这个原因,华硕将"达达真人漫画"营销方案聚焦于产品感性信息的传递上,意在为产品创造内涵。他们将营销活动所要表达的内涵与流行的职场话题相结合,使参与者在重温职场困扰的同时,感同身受的体验到华硕 EeePC 所能带来的工作和娱乐上的便捷与轻松。

因为金融危机、房价上涨等因素,使得职场话题成为这两年都市人关注的热点。从"杜拉拉"到"司马他",几乎所有都市白领都希望从成功人士身上学到一些职场经验和技巧,以能尽快升职加薪,缓解生活压力。于是各种有关职场生存、职场典藏的话题和作品层出不穷,许多营销活动也多次借用这一话题。但曾经经典的印象和新作良莠不齐的质量,使得都市白领们开始对新的作品失去兴趣。

"达达真人漫画"在设计之初便关注到了这一状况。通过观察,他们发现都市白领们并非完全厌倦了职场话题,而是将焦点向更深一层面转移,即:工作的动力——生活与工作的关系。

通过细致的调研,营销人员发现,许多都市白领都矛盾于工作与生活之间。他们工作的动力是改善生活,使自己活得更加快乐。于是他们努力工作以求尽快实现自己的人生目标,但事与愿违,他们却被劳累的工作和烦躁的环境压得心力交瘁,有了钱却无时间和心情去享受。最后许多人在工作中失去了原本生活的意义,而变成了工作的奴隶。

抓住这一新特点,营销人员设计了"达达"这样一个会"苦中作乐,忙中偷闲"的小职员形象。利用他独特的视角和观点,将职场中的一幕幕用真人漫画的形式夸张有趣地展现给网友。网友们在笑过的同时又会感觉到一丝酸楚与甜蜜,深刻体会到每日工作的不易与"苦中作乐"的幸福,同时感同身受的体会到华硕 EeePC 在工作和生活上带给用户的轻松与愉快。

> **编辑我要说**
>
> 微博不应该是"广告"的集散地;微博营销不应该是硬性的"推",而应是软性的"拉",否则只会逼着互联网用户远离微博。

快书包赶上微博速度

作为龙之媒广告书店董事长的徐智明最近两年很苦恼,一方面当当、京东、卓越等电子商务巨头发展迅猛,另一方面,盗版书籍的猖獗让正版书店不堪其扰,实体书店的赢利空间大打折扣,成为一个夕阳行业。2010年徐智明由于无法负担广州租金高昂的铺面,龙之媒广州店结束营业。

也许真的是上帝关上了一扇窗,同时也会为你开一扇门。某天徐智明无意之中在《哈佛商业评论》看到一篇关于精细化营销的文章。其中提到"所谓精细化营销的核心,就是满足消费者细微的心理感受"。一句话让徐智明茅塞顿开:"这是一个需要速度的年代,当人们饿了,叫了麦当劳,1小时之内就可以送到;当人们想看书了,为什么不能1小时送到呢?"

"一小时配送图书"成为最简单最直接的概念。"快",为了满足这一核心客户需求,快书包提出了精选的概念。每个月,由快书包将几十个各类图书网站排行榜的畅销书统计出来,当当有50万种图书,快书包只有500种。一个是沃尔玛,另一个是7—11。沃尔玛旁边是可以开7—11的,很多大超市附近是有便利店的,它们服务的半径和人群有差异,毕竟你为了买一瓶水去超市的话真的会很累。

小型图书销售网站如何基于自身实力在宣传上做出自己特色,树立品牌是需要思考的问题,瞄准网络销售的快书包选择了微博。小型的图书销售网站在影响力和实力上根本无法与当当网、卓越网抗衡,所以快书包要另辟蹊径。微博的诱惑就在于零成本投入,高效益回收。

"快"体现在订书环节,快书包除了开通网站、电话订书渠道外,还开辟了新浪微博的渠道。粉丝可以在新浪微博上发私信给快书包进行订货。微博的私信，避免了电话占线和网站注册。

　　当初徐智明开始只是在微博上试探性地注册了"快书包"和个人的ID，只是做了一些简单的宣传，却收到了意想不到的效果：不到一年的时间，快书包就有超过5%的订单直接来源于微博，网站超过40%的流量来源于微博的直接影响。可以说，微博成为了快书包的主力宣传渠道。

　　目前，快书包全体员工都上微博"工作"，徐智明还设立了三人小组专门负责官方微博。在微博上看到快书包的ID状态更新格外频繁：公告最新的优惠活动、推荐近期主打书籍、分享最新书评，而且网友可以通过私信直接下单买书。

　　徐智明赋予了快书包官方微博两大功能：宣传和客服。他认为，因为没有足够的实力进行硬性宣传，所以我们就想一些灵活的宣传策略。而且官方微博可以持续不断地推出各种活动吸引用户，这样的效果是传统宣传手段根本无法实现的。

　　在微博上，快书包的执行经理、董事长往往亲自上阵推广品牌和产品，这样，管理层能够听到来自消费者的声音，掌握图书销售一线的情况，而普通消费者也可以方便地跟企业管理者联系交流，缩短了管理层与消费者的距离。

　　同时快书包最看重的还是客服。如果快书包的服务或者图书有问题，消费者可以直接通过微博找到身为董事长的徐智明，不管是抱怨还是发货，都照单全收。因为这样快书包可以清楚地知道失误在哪里，从而有利于在以后的工作中做出相应的改进。

　　有一次顾客通过微博向徐智明投诉，用了不到5分钟，他就认真地为顾客解决了问题。后来，这个顾客成为了快书包的熟客。

　　　　在各大电子商务网站雨后春笋般一个个站起来的同时，作为小角色也想分一杯羹，就得钻"空子"，微博就可以提供"空子"。

金宝贝开启了"微课堂"

足不出户就能体验和分享全球同步的早教内容吗？没错。

近来，全球领先的专业早教品牌——金宝贝正式启动"解密宝贝成长微课堂"活动，将官网、微博、手机三大平台联动。家长在线就能学习宝宝成长的黄金7阶段、体验金宝贝全球同步的早教服务，并即时分享和交流孩子的成长故事，隆重揭开了"早教微博时代"。

据《中国家庭育儿方式研究报告》指出，80后妈妈在所有孕妈妈中占有91%，在0~1岁孩子妈妈中占有85%，1~3岁孩子妈妈中为65%，几乎占据了整个新妈妈群体。另有互联网相关调研报告显示，中国近4亿多网民中，20~29岁人群所占比例最大，达到33.4%，其后是30~39岁人群，所占比例21.9%。由此可见，互联网已经成为新时代家长育儿生活中不可分割的一部分。金宝贝应时推出"解密宝贝微课堂"活动，将时下最火热的互动平台微博，与官网及手机紧密联系，首次推出"微课堂"概念，将早教课堂从线下搬到线上。

金宝贝中国区总经理陈炜女士表示："伴随时代的网络化发展，越来越多的家长使用互联网，加入社交网站，拥有自己的博客和微博。金宝贝'微课堂'的诞生，正是符合了现代社会的前进步伐，为广大家庭提供即时便捷的沟通平台，让父母们一同体验金宝贝全球领先的早教服务，获得专业的育儿建议，并与全国的育儿精英分享和交流成长经验，具有时代意义。"

基于金宝贝国际领先的早教理念和35年的婴幼儿教育经验，0~5岁的宝宝成长可以划分为 7 个阶段，分别是"0~6 个月－小小观察者"、"6~10 个月－小小实干家"、"10~16 个月－双向交流者"、"16~22 个月－问题解决者"、"22~28 个月－创新思维者"、"28~36 个月－逻辑的思维家"和"3~5 岁－理性的思想家"。"微课堂"将向父母解密宝宝成长的黄金 7 阶段，整个活动从 2011 年 5 月 16 日开展至 2011 年 6 月 16 日。

家长们可以登陆并注册官网，获得宝宝所属学阶的育儿贴士，在线阅读和下载育儿宝典"微课堂电子书"，接触国际领先的亲子潜能游戏，完成 7 学阶测试并获得结业证书。

同时，在同步更新的金宝贝官方微博"金宝贝国际早教微课堂"，除了学习详尽的育儿知识，诸如早教理念、亲子贴士、宝宝社交技能、音乐和艺术指导，家长也可以成为主角，和网友们一起分享宝宝的成长点滴，交流育儿过程中的种种问题。而"微课堂"也将担任早教专家的重任，和年轻的父母们一起解决问题，帮助他们走出早教迷宫。

此外，家长们还可以通过手机浏览器，登录此次活动的手机官网，或编辑短信，参与丰富的"微课堂"互动。

育儿和早期教育问题对于现在的爸妈来说，完全是一个崭新的课题，学校里学不到，长辈的老旧的教育方法更是常常激起年轻父母们的反对，围脖时代，关于宝宝的教育大问题能"微"化解决吗？答案是肯定的。

@金宝贝国际早教微课设立的初衷，正是让越来越多玩转围脖的年轻父母通过简单的方式解决育儿和早期教育的种种难题。

育儿和早期教育是一个需要专业指导的专业领域，爸爸妈妈很需要这方面的专业指导。而@金宝贝国际早教微课满足这一需求，在内容的选择上挑选专业的信息，在各方面指导新爸爸妈妈如何科学地做称职的爸爸妈妈，如何培养照顾小宝宝。

编辑我要说

有很多时候企业微博不知道说什么，只需从企业拿手的内容出发，多元相关可以延展出的方面都可以作为企业内容运营时可以利用的素材。

杜蕾斯鞋套走雨路不湿鞋

  杜蕾斯的微博一直是各大微博沙龙中令人津津乐道,提及率很高的典型官方微营销案例。做为官方微博,它如何得到如此多的关注？每个事件背后有怎样的精心策划？而又是谁在运营它？

  关于杜蕾斯套鞋事件,经过很简单。2011年6月23日北京暴雨,这一话题无疑是全天热点。尤其下午下班时间雨越下越大,新闻报道地铁站积水关闭,京城大堵车,意味着很多人回不了家,同时意味着很多人在微博上消磨时间。运营团队负责内容的成员也在试图切入这一热点,并把杜蕾斯品牌植入其中。就在你一言我一语的插科打诨中,把杜蕾斯套在鞋上避免鞋子泡水的想法冒了出来。和博圣云峰的创意首脑金鹏远沟通之后,认为可行,随即立刻执行。

  事实上这一创意涉及到杜蕾斯的品牌形象问题,如果用这个概念做广告是绝对不行的。所以最终执行的时候,选取了一个小号,也就是鞋子主人的微博@地空捣蛋在下午5点58分发布这一图片,当时@地空捣蛋大约有接近6000粉丝。两分钟后帖子已经被一些大号主动转发,并迅速扩散。大约5分钟之后,@杜蕾斯官方微博发表评论"粉丝油菜花啊！大家赶紧学起来!有杜蕾斯回家不湿鞋"并转发。短短20分钟之后,杜蕾斯已经成为新浪微博一小时热门榜第一名,把此前的积水潭和地铁站甩在身后。并在当晚24点转发近6000条,成为6月23日全站转发第一名。

  根据传播链条的统计,杜蕾斯此次微博传播覆盖至少5000万新浪用户。同时在腾讯微博、搜狐微博的发布,影响人群也在千万级别。此后一周,国内的微博营销业界对此事大加赞赏,《China Daily》甚至将这一事件评为最有代表性的社交网络营销案例之一。

业界普遍认为,这是运营团队对热点信息的敏锐把握,并很机智地针对热点有所动作。但通过对博圣云峰的采访发现,远非"机智敏锐"这么简单。在@地空捣蛋的微博发布之后,运营团队曾为其转发量打赌,普遍认为在2万上下,少数胆大的成员认为能达到4万,而经验最丰富的金鹏远则十分保守地估计在1万左右。

在一个帖子火之前,没人能断定它到底能有多火。只有在火了之后,才能回头总结它火热的原因。就像套鞋事件,暴雨这个话题从未像6月23日这般火热,而运营团队的创意点也足够新鲜有趣,而且暴雨时间点又恰好在众人被堵在下班路上,微博在线人数众多,进一步加强了传播效果。种种天时地利人和耦合在一起,造就了套鞋事件的传播奇迹。

金鹏远在带领团队作业时,并非在敏锐地"把握"热点,而是在每天早晨就会如例会一般,与整个团队讨论当日热点,从中筛选可能与品牌有契合的关键词,并由内容团队围绕关键词进行创意,最终甄选可行的方案。可以说,对热点的把握是每一天的例行工作,而非话题火热时的心血来潮。也意味着,其实在许多不那么成功的尝试中,诞生了一次宝贵的成功。事实上,这也正是很多其他同类公司所缺乏的坚持。

然而,杜蕾斯官方微博很少如上文所述的套鞋事件一样,主动策划事件。更多的还是通过与网友进行有趣的互动来扩大影响。

互联网的话语环境,就是话题的快速更迭。"因为达芬奇,郭美美只火了两个星期;因为赖昌星,达芬奇只火了一个星期;因为动车,赖昌星只火了半天。"更加尖锐的讽刺是,这个数星期前的段子已经因为其后数周内发生的事情,让人觉得它有些茫然而不知所云。

社会化媒体营销,只有一个核心——就是有趣地互动。

麦当劳通过微博送"快乐"

2011年,几乎所有的商品都在涨价,地铁里挤满了为生存奔波的人。这时,麦当劳说:忘掉烦恼和压力,做回孩子吧!

事实上,这是一次由麦当劳和新浪微博携手炮制的微博营销活动,如果你有新浪微博账号,便可以发送以"舔着圆筒看世界"为话题,有关"快乐"的微博,从而获得手机短信,即麦当劳圆筒领取码,去麦当劳门店免费领取一个圆筒。

"平时麦当劳是免费为小孩子提供圆筒的,于是我们想:是不是可以让成年人也体会这个快乐,让他也做回小孩?放松一下心情,忘掉烦恼,重新体会做孩子时的快乐。做回孩子,重新看世界,会有不同的发现,会有更多的快乐。"业务总监曾启明在回想此次活动创意产生的过程时说。

细观这个微博营销案例,会发现几大重要的元素融合其中:圆筒、快乐、微博、麦当劳、门店。几大元素将抽象的品牌、简便的参与方式、消费者心理和实际的体验过程联系到了一起。

"当客户告诉我们要做这样一个品牌活动,让消费者对快乐的追求有所改变的时候,实际上是找到了一个非常好的出发点和话题,因为当一个人能够像孩子一样,有孩子心态的话,不管他身边的环境怎样,他会变得快乐,看世界的眼光会不同。这是很好的一个出发点。"曾启明说,"麦当劳作为一个品牌,有个非常经典的产品,那就是圆筒,同时也是小孩子最喜欢吃的。所以我们想,可以与新浪微博合作,当受众发现一些快乐的事情,用微博记录下来,我们会给消费者一个手机短信,让他们到店里领取圆筒,并且享受小孩子的待遇。以此让消费者看到麦当劳的承诺,切实感受麦当劳传递给他的快乐。"

曾启明认为,麦当劳品牌与新浪微博受众之间有着很深的契合点。"出发点是麦当劳比较特别,因为它的品牌代表的就是快乐。麦当劳想通过一个品牌活动,激发消费者尤其是中国年轻人,比如上班族、学生等压力比较大的人对于快乐的追求,在物质的社会中寻找简单的快乐。这件事说起来简单,但是做起来很难,麦当劳的想法是启发消费者能够去找寻属于他们的简单的快乐,因此必须有一个简单的、自然的活动,参与方式不能很麻烦,而是可以随时随地参与进来。微博作为一种可以随时随地参与的网络媒体或者说平台,是可以实现简便参与的很重要的一个渠道,这也是我们利用微博进行此次营销活动的原因之一。"

"首先,这次活动不是要促销圆筒产品,并不是以促销为目的。此次活动的主角之所以是圆筒,原因是要借助圆筒这个具有麦当劳特色的产品,让消费者想到自己小时候作为一个小孩怎么找寻快乐。因此可以说圆筒不是促销的产品,快乐才是。此次活动的基调就是快乐和放松,而微博的参与方式没有压力,而且非常方便实用,这些特点都很好地契合了此次活动的主题。"

对于微博营销的效果,曾启明表示:"此次活动的执行效果非常好。在与新浪微博合作之前,我们对效果作了一些预测,参考了之前一些竞争对手比如肯德基等企业进行微博营销的案例,设定了相应的营销目标。在此次活动开始后的4周内,'舔着圆筒看世界'微博账号就拥有了5万多粉丝。此次活动的网站上,参与的人数达到15万人。"截至2011年2月22日,粉丝数仍在不断上涨,已经有8万余人。

曾启明承认,虽然这些数字听起来和一些成熟媒体相比"可能要低一点",但是微博作为一种新兴媒体,发展的空间还很大。他说:"我们本来的期待没有这么高,但是效果显然是出乎预料的,让我们比较惊讶,没想到有这么多人,这已经超出了我们的预期。此次活动还是比较成功的。"

编辑我要说

微博是非常具有煽动性的平台,在微博营销的过程中,要注意发挥微博的特有优势,必须从消费者的角度思考问题,注重消费者体验,并且做到持之以恒。

百合网用心聚齐"有缘人"

2011年1月22日晚,由知名婚恋交友网站百合网举办的第二期"谈情说爱"小型派对,在北京鼓楼的四合院私家餐厅"分私苑"举行。

参加这次小型派对的男女嘉宾,是从百合网官方微博报名的20多位微博红人,包括画家、编剧、网站创始人、企业高管、传媒精英等。女士穿着由设计师品牌购物中心"达达库"专门提供的甜美小礼服,并由专业设计师、彩妆师进行彩妆、发型设计。

这次小礼服派对是继9月份在望京孟尝君—黄珂家举行的百合网"相亲流水席"后第二次举办的私人派对。这是百合网定期举办的爱情主题派对,派对围绕相亲、情感婚姻问题等内容进行,邀请微博上的意见领袖进行聚餐、讨论,相亲主题的派对还包括单身交友相亲。

因上次流水席的精彩内容在微博上广为流传,反响空前,所以大家都积极参与。仅一天时间确定参与的人数已经超过预期人数。

下午3时,达达库7位工作人员相继到位,女嘉宾也陆续到场进行小礼服挑选、化妆造型。下午5点多,男士也相继到场,在百合网工作人员的指导下与造型完毕的女嘉宾进行交流,玩一些爱情主题的桌面游戏。6点半左右派对正式开始,大家进入分私苑的餐厅进行用餐,由分私苑提供精美的私房菜点及法国红酒。

据分私苑主人,也是网络红人苑冰(@涩女郎玄衣)说,分私苑的餐点需要至少提前一天进行预约才能保证供应。在百合网工作人员的引导下,大家在餐桌上进行自我介绍,并当一回红娘,把自己身边的单身人士"许配"给桌上另一个单身异性。

随后,大家在餐桌上讨论爱情观及各种婚恋问题,各种观点交锋,场面热烈。用餐完毕后,大家举杯三五成群的在苑内交流,一部分玩起了爱情积木,一部分人"玩终极密码",一部分人继续讨论婚恋问题。最后,大家聚集在一起,共同总结今晚的收获,举杯彼此祝福。

当问起为什么本次沙龙活动要特别为女嘉宾进行造型设计,百合网活动组织者表示,"第一印象"对相亲成功与否非常重要,对于女士而言尤其如此,这就是所谓的"成见效应"。恋人长期交往后常常发现,第一印象并不准确,这正是由于当初的个人形象传递了"失实"的信息。

根据百合网调查数据,男性择偶时最看重女性的外貌气质和性格,而不少女士却并不知道如何赴约会,如何打扮自己。百合网爱情顾问建议,营造浪漫约会的"打扮"要点:一是要符合约会的场景,最好选择甜美造型。气质干练的职场精英女性,千万不要把出席商务场合的装扮带到约会中。二是要体现本人的本真气质,把性格中最自然、最动人的那一面充分"穿"出来。

百合网爱情顾问还告诉单身嘉宾一个秘密,女士在与一个男士见面的前三次,如果能够保持良好的形象,那么之后成功交往的概率将大大提升。当然,不是要每次相亲都要着礼服、做造型。但是也要略施粉黛、选择能体现自身优点的服饰搭配、保持干净、整齐的造型。

谈及活动主题,百合网相关负责人介绍:这次活动之所以叫"谈情说爱",意思是参与者要敞开了谈论爱情、婚姻、家庭这样的话题,当然如果能从中找到适合自己的对象,那就更好了。

这样的活动会定期举行,周期大概是 1-2 个月一次,都是爱情主题沙龙形式,让各位微博上的红人们借此机会聚一聚,彼此结交,共同探讨爱情问题,在聚会中找到合适的另一半。

有缘千里来相会,无缘对面不相逢。有时,缘分很可能就是通过微博建立起来的。